博雅国际汉语精品教材

法文注释本
Version française-chinoise

第四版
4ème édition

汉语会话 301 句 下册

301 PHRASES: CONVERSATIONS EN CHINOIS

Volume 2

康玉华　来思平　编著
Auteurs: Kang Yuhua et Lai Siping

北京大学出版社
PEKING UNIVERSITY PRESS

图书在版编目(CIP)数据

汉语会话301句：第四版：法文注释本.下册/康玉华，来思平编著.—北京：北京大学出版社，2022.10
博雅国际汉语精品教材
ISBN 978-7-301-33440-9

Ⅰ.①汉⋯ Ⅱ.①康⋯ ②来⋯ Ⅲ.①汉语–口语–对外汉语教学–教材 Ⅳ.①H195.4

中国版本图书馆CIP数据核字(2022)第186892号

书　　　名	汉语会话301句（法文注释本）（第四版）·下册 HANYU HUIHUA 301 JU (FAWEN ZHUSHIBEN) (DI-SI BAN)·XIACE
著作责任者	康玉华　来思平　编著
责任编辑	任　蕾
标准书号	ISBN 978-7-301-33440-9
出版发行	北京大学出版社
地　　　址	北京市海淀区成府路205号　100871
网　　　址	http://www.pup.cn　新浪微博：@北京大学出版社
电子信箱	zpup@pup.cn
电　　　话	邮购部 010-62752015　发行部 010-62750672　编辑部 010-62767349
印刷者	北京宏伟双华印刷有限公司
经销者	新华书店
	787毫米×1092毫米　16开本　23.5印张　337千字 2022年10月第1版　2022年10月第1次印刷
定　　　价	79.00元（含课本、练习册、音频）

未经许可，不得以任何方式复制或抄袭本书之部分或全部内容。
版权所有，侵权必究
举报电话：010-62752024　电子信箱：fd@pup.pku.edu.cn
图书如有印装质量问题，请与出版部联系，电话：010-62756370

第四版出版说明

  《汉语会话 301 句》是当今全球非常畅销的国际汉语经典教材。本教材由北京语言大学康玉华、来思平两位教师编写，北京语言学院出版社 1990 年出版，1998 年修订再版，2006 年出版第三版，译有近十种外语注释的版本，发行逾百万册。本书为法文注释本第四版，由编者和北京大学出版社汉语及语言学编辑部精心修订。

  第四版修订主要包括三方面的内容：第一，在不改动原有语言点顺序的前提下，改编内容过时的课文，更换为能反映当下社会生活的内容，如增加"微信""快递"等词语；第二，教学内容的编排精益求精，生词的设置和翻译更加精细，语言点注释更加完善；第三，配套练习册随课本进行了修订，并增加了交际性练习。经过这次修订，《汉语会话 301 句》这套经典教材又焕发出了新的活力。

  好教材是反复修订出来的。在当今汉语教材空前繁荣的局面下，经典教材的修订愈加凸显其标杆意义。自 1990 年初版以来，《汉语会话 301 句》通过不断的自我更新，见证了汉语教学事业从兴旺走向辉煌的历程，并且成为潮头的夺目浪花。此次修订融进了新的教学研究理念和教材编写思想。我们相信，我们为汉语教师提供的是好教的教材，也是外国学生好用的教材。

北京大学出版社
汉语及语言学编辑部
2022 年 8 月

　　《汉语会话 301 句》是为初学汉语的外国人编写的速成教材。

　　全书共 40 课，另有复习课 8 课。40 课内容包括"问候""相识"等交际功能项目近 30 个、生词 800 个左右以及汉语基本语法。每课分句子、会话、替换与扩展、生词、语法、练习六部分。

　　本书注重培养初学者运用汉语进行交际的能力，采用交际功能与语法结构相结合的方法编写。全书将现代汉语中最常用、最基本的部分通过生活中常见的语境展现出来，使学习者能较快地掌握基本会话 301 句，并在此基础上通过替换与扩展练习，达到能与中国人进行简单交际的目的，为进一步学习打下良好的基础。

　　考虑到成年人学习的特点，对基础阶段的语法部分，本书用通俗易懂的语言，加上浅显明了的例句作简明扼要的解释，使学习者能用语法规律来指导自己的语言实践，从而起到举一反三的作用。

　　本书练习项目多样，练习量也较大。复习课注意进一步训练学生会话与成段表达，对所学的语法进行归纳总结。各课的练习和复习课可根据实际情况全部或部分使用。

编者
1989 年 3 月

Avant-propos

Destiné aux débutants, *301 phrases: conversations en chinois* est un manuel de chinois qui propose des leçons intensives.

Le manuel compte quarante leçons d'apprentissage et huit leçons de révisions. Les quarante leçons d'apprentissage contiennent près de trente thèmes de communication, tels que « Salutation » et « Faire la connaissance ». Elles comptent environs huit cents nouveaux mots ainsi que la grammaire élémentaire. Chaque leçon est divisée en six parties: phrases, conversations, substitutions et extensions, nouveaux mots et exercices.

Le manuel met l'accent sur la capacité de communication des élèves. Il combine les fonctions communicatives de la langue avec sa grammaire. Les contextes proposés mobilisent la partie la plus courante et la plus basique de la langue chinoise. Les élèves sont ainsi amenés à maîtriser les 301 phrases les plus courantes et à partir de cela, à effectuer des exercices de substitutions et d'extensions. Ils apprennent également à s'échanger avec les natifs et obtiennent des bases pour des études approfondies.

Le manuel prend en compte les caractéristiques de l'apprentissage propres aux adultes. Il emploie un langage simple et propose des exemples clairs, accompagnés des explications concises. Son élaboration facilite la compréhension. Elle permet aux apprenants d'assimiler les règles de grammaire et de formuler leurs propres phrases.

Le manuel propose une quantité importante d'exercices variées. Les leçons de révisions accordent une attention particulière à la l'élaboration des conversations et à la rédaction des textes en paragraphes, accompagnées des bilans de grammaire. Les apprenants peuvent se servir des leçons et des révisions en partie ou dans leur intégralité, en fonction de leur besoin.

Éditeur
Mars 1989

简称表 Abréviations

1	名	名词	míngcí	nom
2	代	代词	dàicí	pronom
3	动	动词	dòngcí	verbe
4	能愿	能愿动词	néngyuàn dòngcí	verbe modal
5	形	形容词	xíngróngcí	adjectif
6	数	数词	shùcí	numéral
7	量	量词	liàngcí	mot de mesure
8	数量	数量词	shùliàngcí	quantificateur
9	副	副词	fùcí	adverbe
10	介	介词	jiècí	préposition
11	连	连词	liáncí	conjonction
12	助	助词	动态助词 dòngtài zhùcí	particule d'aspect
			结构助词 jiégòu zhùcí	particule structurelle
			语气助词 yǔqì zhùcí	particule modale
13	叹	叹词	tàncí	interjection
14	拟声	拟声词	nǐshēngcí	onomatopée
15	头	词头	cítóu	préfixe
16	尾	词尾	cíwěi	suffixe

Sommaire 目录

21 请你参加 Je t'invite à participer ... 1

| 语法 Grammaire | 动作的进行 L'action en cours | yāoqǐng 邀请 Invitation |

22 我不能去 Je ne peux pas y aller ... 10

| 语法 Grammaire | 1. 动态助词"了" La particule d'aspect «了»
2. 时段词语作状语 Une période de temps comme complément circonstanciel | wǎnjù 婉拒 Refus |

23 对不起 Je suis désolé(-e) ... 20

| 语法 Grammaire | 1. 副词"就""才" Adverbes «就» et «才»
2. 形容词"好"作结果补语 L'adjectif «好» comme complément circonstanciel de conséquence
3. 趋向补语（2） Complément de direction (2) | dào qiàn 道歉 Excuse |

24 真遗憾，我没见到他 C'est dommage que je ne l'aie pas vu ... 30

| 语法 Grammaire | 1. "是不是"构成的正反疑问句 Question affirmative-négative «是不是»
2. 用动词"让"的兼语句 Phrase séquentielle avec le verbe «让» | yíhàn 遗憾 Regret |

25 这张画儿真美 C'est une très jolie peinture ... 39

| 语法 Grammaire | 1. 又……又…… L'expression «又……又……» (non seulement...mais aussi...)
2. 要是……就…… L'expression «要是……就……» (si..., alors...) | chēngzàn 称赞 Approbation |

复习（五） Révisions (V) ... 48

v

26 祝贺你 Félicitations		54
语法 Grammaire	1. 可能补语（1） Complément de potentialité (1)	zhùhè 祝贺 Félicitations
	2. 动词"了"作可能补语 Le verbe «了» en tant que complément de potentialité	
	3. "开""下"作结果补语 «开» et «下» comme complément de conséquence	

27 你别抽烟了 Ne fume plus s'il te plaît		64
语法 Grammaire	1. "有点儿"作状语 «有点儿» comme complément circonstanciel	quàngào 劝告 Conseils
	2. 存现句 Phrase existentielle	

28 今天比昨天冷 Aujourd'hui il fait plus froid qu'hier		73
语法 Grammaire	1. 用"比"表示比较 Expression de comparaison utilisant la préposition «比»	bǐjiào 比较 Comparaison
	2. 数量补语 Complément de quantité	
	3. 用"多"表示概数 «多», indiquant un nombre approximatif	

29 我也喜欢游泳 J'aime nager aussi		83
语法 Grammaire	1. 用"有"或"没有"表示比较 Expression de comparaison avec «有» et «没有»	àihào 爱好 Loisirs
	2. 用"吧"的疑问句 Phrase interrogative avec le mot «吧»	
	3. 时量补语（1） Complément de temps (1)	

30 请你慢点儿说 Parle lentement s'il te plaît		93
语法 Grammaire	1. 时量补语（2） Complément de temps (2)	yǔyán 语言 Langue
	2. 除了……以外 Expression «除了……以外»	

复习（六） Révisions (VI)	104

31 那儿的风景美极了 Le paysage là-bas est très beau 110

语法 Grammaire	1. 趋向补语（3） Complément de direction (3)	lǚyóu 旅游（1） Voyage (1)
	2. 用"不是……吗"的反问句 La question rhétorique avec «不是……吗»	

32 买到票了没有 As-tu acheté les billets 121

语法 Grammaire	1. "见"作结果补语 «见» comme complément de conséquence	lǚyóu 旅游（2） Voyage (2)
	2. 动作的持续 La durée d'une action	

33 我们预订了两个房间 Nous avons réservé deux chambres 131

语法 Grammaire	1. 形容词重叠与结构助词"地" Redoublement de l'adjectif et particule structurelle «地»	lǚyóu 旅游（3） Voyage (3)
	2. 可能补语（2） Complément de potentialité (2)	

34 我头疼 J'ai mal à la tête 142

语法 Grammaire	1. "把"字句（1） Phrase avec «把» (1)	kàn bìng 看病 Chez le médecin
	2. 一……就…… Expression «一……就……»	

35 你好点儿了吗 Est-ce que tu te sens mieux 152

语法 Grammaire	被动句 Phrase passive	tànwàng 探望 Rendre une visite

复习（七） Révisions (VII) 162

36 我要回国了 Je vais retourner dans mon pays 169

语法 Grammaire	1. 时量补语（3） Complément de temps (3)	gào bié 告别 Au revoir
	2.有的……有的…… Expression «有的……有的……»	

VII

37 真舍不得你们走 Nous regrettons votre départ		179
语法 Grammaire	1. "虽然……但是……"复句　Phrase avec «虽然……但是……»	jiànxíng 饯行 Avoir un dîner d'adieu
	2. "把"字句（2）　Phrase avec «把» (2)	

38 这儿托运行李吗 Les bagages peuvent-ils être enregistrés ici		189
语法 Grammaire	1. "不但……而且……"复句　Phrase avec «不但……而且……»	tuōyùn 托运 Enregistrement des bagages
	2. 能愿动词在"把"字句中的位置　Position des verbes modaux dans la phrase avec «把»	
	3. "动"作可能补语　Le verbe «动» comme complément de potentialté	

39 不能送你去机场了 Je ne peux pas t'emmener à l'aéroport		199
语法 Grammaire	1. 动作的持续与进行　La suite et la progression d'une action	sòngxíng 送行（1） Accompagner le départ de quelqu'un (1)
	2. 用"不如"表示比较　Expression de comparaison utilisant «不如»	

40 祝你一路平安 Je te souhaite un bon voyage		209
语法 Grammaire	1. "把"字句（3）　Phrase avec «把» (3)	sòngxíng 送行（2） Accompagner le départ de quelqu'un (2)
	2. ……了……就……　Expression «……了……就……» (dès que...; alors...)	

复习（八）　Révisions (VIII)	219

词汇表　Vocabulaire (Par ordre Alphabétique)	227

专名表　Noms propres	237

21 请你参加
yāoqǐng 邀请 Invitation
Je t'invite à participer

一 句子 Phrases

141 喂，北大中文系吗？
Wèi, Běidà Zhōngwénxì ma?
Allô, est-ce le département de chinois de l'Université de Pékin?

142 我是中文系。① C'est le département de chinois.
Wǒ shì Zhōngwénxì.

143 您找哪位？ Qui cherchez-vous?
Nín zhǎo nǎ wèi?

144 她在上课呢。 Elle est en classe.
Tā zài shàng kè ne.

145 请她给我回个电话。
Qǐng tā gěi wǒ huí ge diànhuà.
S'il vous plaît, demandez-lui de m'appeler.

146 我一定转告她。
Wǒ yídìng zhuǎngào tā.
Je vais certainement lui transmettre le message.

147 现在你做什么呢？ Tu fais quoi maintenant?
Xiànzài nǐ zuò shénme ne?

148 （现在）在休息呢。 Je fais une pause.
(Xiànzài) Zài xiūxi ne.

Invitation 1

二 会话 Conversations

1

玛丽：喂，北大中文系吗？
Mǎlì: Wèi, Běidà Zhōngwénxì ma?

中文系：对，我是中文系。您找哪位？
Zhōngwénxì: Duì, wǒ shì Zhōngwénxì. Nín zhǎo nǎ wèi?

玛丽：李红老师在吗？
Mǎlì: Lǐ Hóng lǎoshī zài ma?

中文系：不在，她在上课呢。
Zhōngwénxì: Bú zài, tā zài shàng kè ne.

您找她有什么事？
Nín zhǎo tā yǒu shénme shì?

玛丽：她下课以后，请她给
Mǎlì: Tā xià kè yǐhòu, qǐng tā gěi

我回个电话。我叫玛丽。
wǒ huí ge diànhuà. Wǒ jiào Mǎlì.

中文系：好，我一定转告她。她知道您的
Zhōngwénxì: Hǎo, wǒ yídìng zhuǎngào tā. Tā zhīdào nín de

手机号吗？
shǒujīhào ma?

玛丽：知道，谢谢您！
Mǎlì: Zhīdào, xièxie nín!

中文系：不客气。
Zhōngwénxì: Bú kèqi.

21 请你参加 Je t'invite à participer

2

李红：喂，玛丽吗？刚才你给我打电话了？
Lǐ Hóng: Wèi, Mǎlì ma? Gāngcái nǐ gěi wǒ dǎ diànhuà le?

玛丽：是啊，现在你做什么呢？
Mǎlì: Shì a, xiànzài nǐ zuò shénme ne?

李红：在休息呢。
Lǐ Hóng: Zài xiūxi ne.

玛丽：告诉你，明天晚上有个圣诞节晚会，我请你参加。
Mǎlì: Gàosu nǐ, míngtiān wǎnshang yǒu ge Shèngdàn Jié wǎnhuì, wǒ qǐng nǐ cānjiā.

李红：好，我一定去。
Lǐ Hóng: Hǎo, wǒ yídìng qù.

玛丽：晚上八点，我在友谊宾馆门口等你。
Mǎlì: Wǎnshang bā diǎn, wǒ zài Yǒuyì Bīnguǎn ménkǒu děng nǐ.

李红：王老师也去吗？
Lǐ Hóng: Wáng lǎoshī yě qù ma?

玛丽：去，跟她先生一起去。②
Mǎlì: Qù, gēn tā xiānsheng yìqǐ qù.

李红：那好极了！
Lǐ Hóng: Nà hǎojí le!

注释　Remarques

❶ 我是中文系。　C'est le département de chinois.

电话用语。表示接电话的人所在的单位。
Il s'agit d'une expression dans une conversation téléphonique indiquant le lieu de travail de la personne qui parle au téléphone.

❷ 跟她先生一起去。　Elle ira avec son mari.

"先生"可以用来称自己或别人的丈夫，前面一般有人称代词作定语。
Le mot «先生» désigne le mari de quelqu'un (de celui qui parle ou celui d'une autre personne). Ce mot peut être utilisé derrière un pronom personnel.

三　替换与扩展　Substitutions et Extensions

1. 替换　Substitutions

（1）我一定<u>转告</u>她。

| 告诉 | 通知 |
| 叫 | 帮助 |

（2）A：现在你做什么呢？
　　　B：在<u>休息</u>呢。

照相	看新闻
跳舞	发微信
做练习	听录音
看电视	上网

（3）<u>明天晚上</u>有个
　　　<u>圣诞节晚会</u>。

星期天	新年晚会
星期六晚上	舞会
新年的时候	音乐会

21 请你参加 Je t'invite à participer

2. 扩展 Extensions

(1) 里边正在开新年晚会，他们在唱歌
　　Lǐbian zhèngzài kāi xīnnián wǎnhuì, tāmen zài chàng gē

　　呢，快进去吧。
　　ne, kuài jìnqu ba.

(2) 明天上午去参观，八点在留学生楼
　　Míngtiān shàngwǔ qù cānguān, bā diǎn zài liúxuéshēnglóu

　　前边上车。请通知一下儿。
　　qiánbian shàng chē. Qǐng tōngzhī yíxiàr.

四 生词 Nouveaux mots

1.	喂	wèi	叹	allô
2.	中文	Zhōngwén	名	chinois
3.	系	xì	名	département
4.	位	wèi	量	(mot de mesure pour les gens)
5.	一定	yídìng	副	certainement
6.	转告	zhuǎngào	动	transmettre
7.	刚才	gāngcái	名	tout à l'heure
8.	晚会	wǎnhuì	名	soirée
9.	参加	cānjiā	动	participer
10.	门口	ménkǒu	名	entrée
11.	通知	tōngzhī	动/名	annoncer; informer; annonce
12.	帮助	bāngzhù	动	aider

13.	新闻	xīnwén	名	nouvelles
14.	跳舞	tiào wǔ		danser
15.	新年	xīnnián	名	nouvel an
16.	舞会	wǔhuì	名	bal
17.	里边	lǐbian	名	intérieur
18.	正在	zhèngzài	副	en train de
19.	开	kāi	动	faire (une réunion)
20.	唱	chàng	动	chanter
21.	歌	gē	名	chanson
22.	参观	cānguān	动	visiter

专名 Noms propres

1.	李红	Lǐ Hóng	Li Hong
2.	圣诞节	Shèngdàn Jié	Noël
3.	友谊宾馆	Yǒuyì Bīnguǎn	Hôtel Amitié

五 语 法 Grammaire

（1）一个动作可以处在进行、持续、完成等不同的阶段。要表示动作正在进行，可在动词前加副词"正在""正""在"，或在句尾加语气助词"呢"。有时"正在""正""在"也可以和"呢"同时使用。例如：

21 请你参加 Je t'invite à participer

Une action peut se décrire dans ses différents états: en cours, maintenu et accompli. Pour indiquer une action en cours, vous devez mettre des adverbes tels que《正在》《正》《在》avant les verbes, ou mettre la particule modale《呢》à la fin de la phrase. Parfois, 《正在》《正》《在》peuvent aussi être utilisés avec《呢》. Par exemple:

① 学生正在上课（呢）。　② 他来的时候，我正上网（呢）。
③ 他在听音乐（呢）。　　④ 他写电子邮件呢。

（2）一个进行的动作可以是现在，也可以是过去或将来。例如：
Une action en cours peut se dérouler au présent, au passé ou au futur. Par exemple:

⑤ A：你做什么呢？
　 B：休息呢。（现在 maintenant）
⑥ A：昨天我给你打电话的时候，你做什么呢？
　 B：我做练习呢。（过去 dans le passé）
⑦ 明天上午你去找他，他一定在上课。（将来 dans le futur）

六 练习 Exercices

1. 用"正在……呢"完成句子并用上括号里的词语　Complétez les phrases suivantes en utilisant《正在……呢》et les mots entre parenthèses

（1）今天有舞会，他们＿＿＿＿＿＿＿＿＿＿。（跳舞）

（2）你看，玛丽＿＿＿＿＿＿＿＿＿＿。（打电话）

（3）今天天气不错，王兰和她的朋友＿＿＿＿＿＿。（照相）

（4）和子＿＿＿＿＿＿＿＿＿＿。（洗衣服）

2. 仿照例子，用"正在……呢"造句 Faites des phrases en utilisant la construction «正在……呢»

例 Exemple 去他家　看书 ➡ 昨天我去他家的时候，他正在看书呢。

（1）去教室　　学习汉语 ➡ _____
（2）去他宿舍　睡觉　　 ➡ _____
（3）去看他　　喝咖啡　 ➡ _____
（4）到动物园　看大熊猫 ➡ _____
（5）到车站　　等汽车　 ➡ _____
（6）到银行　　换钱　　 ➡ _____

3. 完成对话 Complétez les conversations suivantes

A：是张明家吗？

B：对。_____？

A：我找_____，我是王兰。

B：小明，电话！

C：王兰，_____？

A：小明，今天_____，我们去看电影好吗？

C：好。_____？

A：下午三点。

4. 练习打电话 S'entraîner à faire des appels téléphoniques

（1）A 邀请 B 去听音乐会。
　　A invite B à un concert.
　　提示：时间、地点（dìdiǎn, lieu）。音乐会怎么样？怎么去？
　　Indices: temps, lieu. Comment est le concert? Comment y aller?

（2）A 邀请 B 去饭店吃饭。
A invite B au restaurant.

提示：时间、地点。怎么去？吃什么？
Indices: temps, lieu. Comment y aller? Qu'est ce qu'on mange?

5. 听后复述　Écoutez et répétez

汉斯（Hànsī, Hans）来了，今天我们公司请他参加欢迎会（huì, Réunion）。

下午两点钟，翻译小王打电话通知他，告诉他五点半在房间等我们，我们开车去接他。

欢迎会开得很好，大家为友谊干杯，为健康干杯，像一家人一样。

6. 语音练习　Exercices de phonétique

（1）常用音节练习　Lisez les syllabes suivantes

（2）朗读会话　Séance de lecture à voix haute

A: Wèi, shì yāo èr líng wǔ fángjiān ma?

B: Shì de. Qǐngwèn nǐ zhǎo nǎ wèi?

A: Qǐng jiào Dàwèi jiē diànhuà.

B: Hǎo de. Qǐng děng yíxiàr.

A: Máfan nǐ le, xièxie!

wǎnjù
婉拒
Refus

22 我不能去
Je ne peux pas y aller

一 句子　Phrases

149 我 买 了 两 张 票。　J'ai acheté deux billets.
Wǒ mǎile liǎng zhāng piào.

150 真 不 巧, 我 不 能 去。
Zhēn bù qiǎo, wǒ bù néng qù.
C'est dommage, je ne peux pas y aller.

151 今天 你 不 能 去, 那 就 以后 再 说① 吧。
Jīntiān nǐ bù néng qù, nà jiù yǐhòu zàishuō ba.
Si tu ne peux pas y aller aujourd'hui, parlons-en plus tard.

152 我 很 想 去, 可是 我 有 个 约 会。
Wǒ hěn xiǎng qù, kěshì wǒ yǒu ge yuēhuì.
J'aimerais, mais j'ai un rendez-vous.

153 你 是 跟 女 朋友 约会 吗?
Nǐ shì gēn nǚpéngyou yuēhuì ma?
As-tu un rendez-vous avec ta petite amie?

154 有 个 同 学 来 看 我, 我 要 等 他。
Yǒu ge tóngxué lái kàn wǒ, wǒ yào děng tā.
Il y a un(-e) camarade de classe qui va venir me voir, je dois l'attendre.

155 我 们 好 几 年 没 见 面 了。
Wǒmen hǎojǐ nián méi jiàn miàn le.
Nous ne nous sommes pas vus depuis plusieurs années.

156 这星期我没空儿。
Zhè xīngqī wǒ méi kòngr.
Je n'ai pas le temps cette semaine.

二 会 话 Conversations

1

丽英： 我买了两张票，请你看京剧。
Lìyīng: Wǒ mǎile liǎng zhāng piào, qǐng nǐ kàn jīngjù.

玛丽： 是吗？② 什么时候的？
Mǎlì: Shì ma? Shénme shíhou de?

丽英： 明天晚上七点一刻的。
Lìyīng: Míngtiān wǎnshang qī diǎn yí kè de.

玛丽： 哎呀，真不巧，我不能去。后天就
Mǎlì: Āiyā, zhēn bù qiǎo, wǒ bù néng qù. Hòutiān jiù

考试了，晚上要复习。
kǎo shì le, wǎnshang yào fùxí.

丽英： 那就以后再说吧。
Lìyīng: Nà jiù yǐhòu zàishuō ba.

2

王兰： 明天下午我们去看电影，你能去吗？
Wáng Lán: Míngtiān xiàwǔ wǒmen qù kàn diànyǐng, nǐ néng qù ma?

大卫： 我很想去，可是明天我有个约会。
Dàwèi: Wǒ hěn xiǎng qù, kěshì míngtiān wǒ yǒu ge yuēhuì.

王兰：怎么？是跟女朋友约会吗？③
Wáng Lán: Zěnme? Shì gēn nǔpéngyou yuēhuì ma?

大卫：不是，有个同学来看我，我要等他。
Dàwèi: Bú shì, yǒu ge tóngxué lái kàn wǒ, wǒ yào děng tā.

王兰：他也在北京学习吗？
Wáng Lán: Tā yě zài Běijīng xuéxí ma?

大卫：不，他刚从法国来。我们好几年没见面了。
Dàwèi: Bù, tā gāng cóng Fǎguó lái. Wǒmen hǎojǐ nián méi jiàn miàn le.

王兰：你应该陪他玩儿玩儿。
Wáng Lán: Nǐ yīnggāi péi tā wánr wánr.

大卫：这星期我没空儿，下星期我们再一起看电影吧。
Dàwèi: Zhè xīngqī wǒ méi kòngr, xià xīngqī wǒmen zài yìqǐ kàn diànyǐng ba.

注释 Remarques

❶ 以后再说 On en parlera plus tard

"再说"可以表示把某件事留待以后再办理或考虑。
«再说» signifie que vous pouvez décider ou penser à quelque chose plus tard.

❷ 是吗？ Vraiment?

表示原来不知道某事，听说后觉得有点儿意外。有时还表示不太相信。
Cette locution exprime la suprise ou l'incrédulité de quelqu'un quand on lui apprend quelque chose dont il n'était pas au courant jusque là.

22 我不能去 Je ne peux pas y aller

③ 怎么？是跟女朋友约会吗？　Pourquoi? Tu as un rendez-vous avec ta petite amie?

"怎么"用来询问原因。"是"用来强调后边内容的真实性。
On utilise «怎么» pour demander la raison, «是» souligne l'exactitude de l'information qui s'ensuit.

三 替换与扩展　Substitutions et Extensions

1. 替换　Substitutions

(1) 我买了两张票。

翻译	个	句子
写	封	电子邮件
参加	个	会
要	辆	出租车

(2) 我们好几年没见面了。

| 好几天 | 好几个月 |
| 好长时间 | 好几个星期 |

(3) 你应该陪他玩儿玩儿。

带	参观
帮	问
帮助	复习
请	介绍

Refus　13

2. 扩展 Extensions

（1）我 正要 去 找 你，你 就 来 了，太 巧 了。
　　　Wǒ zhèng yào qù zhǎo nǐ, nǐ jiù lái le, tài qiǎo le.

（2）A：那个 姑娘 真 漂亮。她 是 谁？
　　　　Nàge gūniang zhēn piàoliang. Tā shì shéi?

　　　B：她 是 那个 高 个子 的 女朋友。
　　　　Tā shì nàge gāo gèzi de nǚpéngyou.

四　生词 Nouveaux mots

1.	巧	qiǎo	形	par hasard
2.	再说	zàishuō	动	en parler plus tard
3.	可是	kěshì	连	mais
4.	约会	yuēhuì	名/动	rendez-vous
5.	女朋友	nǚpéngyou	名	petite-amie
6.	同学	tóngxué	名	camarade de classe
7.	好几	hǎojǐ	数	nombreux
8.	见面	jiàn miàn		rencontrer
9.	空儿	kòngr	名	temps libre
10.	后天	hòutiān	名	après demain
11.	复习	fùxí	动	réviser
12.	刚	gāng	副	juste maintenant
13.	陪	péi	动	accompagner
14.	句子	jùzi	名	phrase

15.	封	fēng	量	mot de mesure pour les objets ayant une forme plate
16.	会	huì	名	réunion
17.	正	zhèng	副	juste
18.	姑娘	gūniang	名	fille
19.	漂亮	piàoliang	形	belle
20.	高	gāo	形	grand
21.	个子	gèzi	名	taille

五 语法 Grammaire

1. 动态助词"了" La particule d'aspect «了»

（1）在动词之后表示动作所处阶段的助词叫动态助词。动态助词"了"在动词后边表示动作的完成。有宾语时，宾语常带数量词或其他定语。例如：

Une particule d'aspect est une particule qui vient après un verbe et exprime l'état d'une action. La particule d'aspect «了» après le verbe indique l'exécution ou l'achèvement d'une action. Les compléments d'objet sont souvent accompagnés d'un quantificateur ou d'autres mots descriptifs. Par exemple :

① 他结婚了吗？ ② 我昨天看了一个电影。
③ 玛丽买了一辆自行车。 ④ 我收到了他寄给我的东西。

（2）动作完成的否定是在动词前加"没（有）"，动词后不再用"了"。例如：

La forme négative de la phrase est formée avec «没（有）» devant le verbe, et «了» est omis. Par exemple :

⑤ 他没来。 ⑥ 我没（有）看电影。

2. 时段词语作状语　Une période de temps comme complément circonstanciel

时段词语作状语表示在此段时间内完成了什么动作或出现了什么情况。例如：

Ils sont utilisés comme compléments circonstanciels pour indiquer quelle action a été accomplie ou ce qui s'est passé pendant cette période de temps. Par exemple:

① 他两天看了一本书。　　　② 我们好几年没见面了。

六 练习　Exercices

1. 用"可是"完成句子　Complétez les phrases avec le mot «可是»

（1）他六十岁了，＿＿＿＿＿＿＿＿＿＿＿＿＿＿＿。

（2）今天我去小王家找他，＿＿＿＿＿＿＿＿＿＿＿＿＿＿＿。

（3）他学汉语的时间不长，＿＿＿＿＿＿＿＿＿＿＿＿＿＿＿。

（4）这种苹果不贵，＿＿＿＿＿＿＿＿＿＿＿＿＿＿＿。

（5）我请小王去看电影，＿＿＿＿＿＿＿＿＿＿＿＿＿＿＿。

2. 给下面的词语选择适当的位置　Mettez les mots entre parenthèses au bon endroit

（1）昨天我复习A两课生词B。（了）

（2）我和小王一起参观A天安门B。（了）

（3）他A没来中国B了。（两年）

（4）你A能看完这本书B吗？（一个星期）

3. 仿照例子，用动态助词"了"造句 Faites des phrases en utilisant la particule d'aspect «了»

例 Exemple　买　电子词典 ➡ 昨天我买了一本电子词典。

（1）喝　　啤酒　　　➡ _____

（2）照　　照片　　　➡ _____

（3）复习　两课生词　➡ _____

（4）翻译　几个句子　➡ _____

（5）开　　会　　　　➡ _____

（6）买　　车　　　　➡ _____

4. 完成对话 Complétez les conversations suivantes

（1）A：今天晚上有舞会，_____？

　　　B：大概不行。

　　　A：_____？

　　　B：学习太忙，没有时间。

　　　A：你知道王兰能去吗？

　　　B：_____。

　　　A：真不巧。

（2）A：圣诞节晚会你唱个中文歌吧。

　　　B：_____。

　　　A：别客气。

　　　B：不是客气，我_____。

A：我听你唱过。

B：那是法语歌。

5. 会话 Conversations

（1）你请朋友星期天去长城，他说星期天有约会，不能去。

Vous demandez à votre ami d'aller à la Grande Muraille dimanche, il dit qu'il a un rendez-vous dimanche et ne peut pas y aller.

（2）你请朋友跟你跳舞，他/她说不会跳舞。

Vous demandez à votre ami de danser avec vous, il/elle dit qu'il/elle ne sait pas danser.

6. 用所给词语填空并复述 Complétez les trous avec les mots donnés et répétez

演   太巧了   陪   顺利

昨天晚上王兰＿＿＿＿＿玛丽去看京剧。她们从学校门口坐331路公共汽车去。＿＿＿＿＿，她们刚走到车站，车就来了。车上人不多，她们路上很＿＿＿＿＿。

京剧＿＿＿＿＿得很好，很有意思。

7. 语音练习 Exercices de phonétique

(1) 常用音节练习 Lisez les syllabes suivantes

22 我不能去　Je ne peux pas y aller

（2）朗读会话　Séance de lecture à voix haute

A: Nín hē píjiǔ ma?

B: Hē, lái yì bēi ba.

A: Hē bu hē pútaojiǔ?

B: Bù hē le.

A: Zhè shì Zhōngguó yǒumíng de jiǔ, hē yìdiǎnr ba.

B: Hǎo, shǎo hē yìdiǎnr.

A: Lái, gān bēi!

dào qiàn
道歉
Excuse

23 对不起
Je suis désolé(-e)

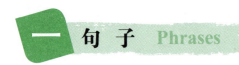 句 子 Phrases

157 对不起，让你久等了。
Duìbuqǐ, ràng nǐ jiǔ děng le.
Je suis désolé de t'avoir fait attendre longtemps.

158 你怎么八点半才来？
Nǐ zěnme bā diǎn bàn cái lái?
Pourquoi ne viens-tu qu'à huit heures et demie?

159 真抱歉，我来晚了。 Excuse-moi, je suis en retard.
Zhēn bàoqiàn, wǒ láiwǎn le.

160 半路上我的电动车坏了。
Bànlù shang wǒ de diàndòngchē huài le.
Mon scooter électrique est tombé en panne sur le chemin.

161 电动车修好了吗？ Le scooter électrique a-t-il été réparé?
Diàndòngchē xiūhǎo le ma?

162 我怎么能不来呢？ Comment pourrais-je ne pas venir?
Wǒ zěnme néng bù lái ne?

163 我们快进电影院去吧。
Wǒmen kuài jìn diànyǐngyuàn qu ba.
Rentrons vite dans le cinéma.

23 对不起 Je suis désolé(-e)

164 星期天我买到一本新小说。
Xīngqītiān wǒ mǎidào yì běn xīn xiǎoshuō.
J'ai acheté un nouveau roman dimanche dernier.

二 会话 Conversations

1

大卫：对不起，让你久等了。
Dàwèi: Duìbuqǐ, ràng nǐ jiǔ děng le.

玛丽：我们约好八点，你怎么八点半才来？
Mǎlì: Wǒmen yuēhǎo bā diǎn, nǐ zěnme bā diǎn bàn cái lái?

大卫：真抱歉，我来晚了。半路上我的
Dàwèi: Zhēn bàoqiàn, wǒ láiwǎn le. Bànlù shang wǒ de

电动车坏了。
diàndòngchē huài le.

玛丽：修好了吗？
Mǎlì: Xiūhǎo le ma?

大卫：修好了。
Dàwèi: Xiūhǎo le.

玛丽：我想你可能不来了。
Mǎlì: Wǒ xiǎng nǐ kěnéng bù lái le.

大卫：说好的，我怎么能不来呢？
Dàwèi: Shuōhǎo de, wǒ zěnme néng bù lái ne?

玛丽：我们快进电影院去吧。
Mǎlì: Wǒmen kuài jìn diànyǐngyuàn qu ba.

大卫：好。
Dàwèi: Hǎo.

2

玛丽：刘京，还你词典，用的时间太长了，
Mǎlì: Liú Jīng, huán nǐ cídiǎn, yòng de shíjiān tài cháng le,

请原谅！
qǐng yuánliàng!

刘京：没关系，你用吧。
Liú Jīng: Méi guānxi, nǐ yòng ba.

玛丽：谢谢，不用了。星期天
Mǎlì: Xièxie, bú yòng le. Xīngqītiān

我买到一本新小说。
wǒ mǎidào yì běn xīn xiǎoshuō.

刘京：法文的还是中文的？
Liú Jīng: Fǎwén de háishi Zhōngwén de?

玛丽：法文的。很有意思。
Mǎlì: Fǎwén de. Hěn yǒu yìsi.

刘京：我能看懂吗？
Liú Jīng: Wǒ néng kàndǒng ma?

玛丽：你法文学得不错，我想能看懂。
Mǎlì: Nǐ Fǎwén xué de búcuò, wǒ xiǎng néng kàndǒng.

刘京：那借我看看，行吗？
Liú Jīng: Nà jiè wǒ kànkan, xíng ma?

玛丽：当然可以。
Mǎlì: Dāngrán kěyǐ.

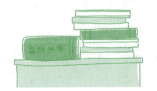

23 对不起 Je suis désolé(-e)

三 替换与扩展 Substitutions et Extensions

1. 替换 Substitutions

(1) 我们快<u>进电影院</u>去吧。

进电梯	进食堂
回学校	回家
上楼	下楼

(2) 借我<u>看</u>看这<u>本</u> <u>小说</u>，行吗？

骑	辆	电动车
用	个	照相机
用	支	笔
用	支	胶棒

2. 扩展 Extensions

(1) 那 支 录 音 笔 弄 坏 了。
　　Nà zhī lùyīnbǐ nònghuài le.

(2) A：对 不 起，弄 脏 你 的 本 子 了。
　　　Duìbuqǐ, nòngzāng nǐ de běnzi le.

　　B：没 什 么。
　　　Méi shénme.

四 生词 Nouveaux mots

1.	对不起	duìbuqǐ	动	je suis désolé(-e)
2.	让	ràng	动	laisser

3.	久	jiǔ	形	longtemps
4.	才	cái	副	juste
5.	抱歉	bàoqiàn	形	désolé(-e)
6.	半路	bànlù	名	sur la route
7.	电动车	diàndòngchē	名	scooter électrique
8.	坏	huài	形	mauvais; cassé
9.	修	xiū	动	réparer
10.	电影院	diànyǐngyuàn	名	cinéma
11.	小说	xiǎoshuō	名	roman
12.	约	yuē	动	arranger
13.	可能	kěnéng	助动/形	possible; peut-être
14.	还	huán	动	rendre
15.	用	yòng	动	utiliser
16.	原谅	yuánliàng	动	pardonner
17.	没关系	méi guānxi		ce n'est pas grave
18.	法文	Fǎwén	名	français
19.	借	jiè	动	prêter
20.	电梯	diàntī	名	ascenseur
21.	支	zhī	量	*mot de mesure pour les objets longs, fins et inflexibles*
22.	胶棒	jiāobàng	名	bâton de colle
23.	录音笔	lùyīnbǐ	名	enregistreur vocal
24.	弄	nòng	动	faire
25.	脏	zāng	形	sale

五 语法 Grammaire

1. 副词"就""才" Adverbes 《就》 et 《才》

副词"就""才"有时可以表示时间的早、晚、快、慢等。用在表示时间的词语后，"就"一般表示事情发生得早、快或进行得顺利；"才"相反，一般表示事情发生得晚、慢或进行得不顺利。例如：

Les adverbes 《就》 et 《才》 expriment parfois des concepts tels que «tôt», «tard», «rapide» et «lent». Placé derrière les compléments circonstanciels de temps, l'adverbe 《就》 est utilisé pour désigner que l'action se produit tôt ou est exécutée avec succès. Et la signification de 《才》 est tout le contraire. Par exemple :

① 八点上课，他七点半就来了。（早）

八点上课，他八点十分才来。（晚）

② 昨天我去北京饭店，八点坐车，八点半就到了。（早）

今天我去北京饭店，八点坐车，九点才到。（晚）

2. 形容词"好"作结果补语 L'adjectif 《好》 comme complément circonstanciel de conséquence

（1）表示动作完成或达到完善的地步。例如：
Il indique l'achèvement ou le perfectionnement d'une action. Par exemple :

① 饭已经（yǐjīng, déjà）做好了。　　② 我一定要学好中文。

（2）"好"作结果补语，有时也表示"定"的意思。例如：
《好》 fonctionne comme complément circonstanciel de conséquence, à l'instar de 《定》. Par exemple :

③ 我们说好了八点去。　　　　　④ 时间约好了。

3. 趋向补语（2） Complément de direction (2)

（1）如果动词后既有趋向补语又有表示处所的宾语，处所宾语一定要放在动词和补语之间。例如：

Si derrière le verbe se trouvent à la fois le complément de direction et le complément d'objet qui désigne le lieu, ce dernier se place entre le verbe et le complément de direction. Par exemple:

> ① 你快下楼来吧。　　② 上课了，老师进教室来了。
> ③ 他到上海去了。　　④ 他回宿舍去了。

（2）如果是一般宾语（不表示处所），可放在动词和补语之间，也可放在补语之后，一般来说，动作未实现的在"来（去）"之前，已实现的在"来（去）"之后。例如：

Un complément d'objet le complément circonstanciel qui n'indique pas de lieu peut être placé entre le verbe et le complément circonstanciel, ou après le complément circonstanciel. En règle générale, si l'action n'a pas encore eu lieu, alors le complément d'objet est placé avant «来(去)»; si l'action a déjà eu lieu, alors le complément d'objet est placé après «来(去)». Par exemple:

> ⑤ 我想带照相机去。　　⑥ 他没买苹果来。
> 　 我带去了一个照相机。　　他买来了一斤苹果。

六 练习 Exercices

1. 给下面的对话填上适当的结果补语并朗读　Complétez les dialogues avec les compléments circonstanciels de conséquence et lisez-le

A：小王，你的自行车修 _____ 了吗？

B：还没修 _____ 呢。你要用吗？

A：是。我想借一辆自行车，还没借 _____ 。

B：小刘有一辆，你去问问他。

A：问过了，他的自行车也弄_____了。

B：真不巧。

2. 完成对话 Complétez les conversations suivantes

（1）A：_____，我来晚了。

B：上课十分钟了，为什么来晚了？

A：_____。

B：以后早点儿起床。请坐！

A：_____。

（2）A：请借我用一下儿你的词典。

B：_____。

A：他什么时候能还你？

B：_____，我去问问他。

A：不用了，我去借小王的吧。

B：_____。

3. 看图，用动词加"来"或"去"完成对话 Regardez les images et inventez des dialogues en utilisant les verbes et «来» ou «去»

（1）

A：小刘，你快_____吧，我在楼下等你。

B：我现在就_____。

（2）

A：八点了，你怎么还不_____？

B：今天星期天，我想晚一点儿_____。

（3）

A：小王在吗？

B：他不在。他_____家_____了。

A：他什么时候_____家_____的？

B：不知道。

（4）

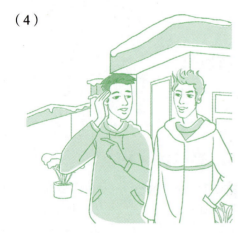

A：外边太冷，我们_____里边_____吧。

B：刚_____，一会儿再_____吧。

4. 会话 Conversations

（1）你借了同学的自行车，还车的时候你说你骑坏了自行车，表示道歉。
Tu as emprunté un vélo à un de tes camarades de classe. Lorsque tu rends le vélo, tu t'excuses auprès de lui pour l'avoir cassé.

（2）你的朋友要借你的照相机用用，你说别人借去了。
Ton ami veut emprunter ton appareil photo. Tu lui réponds de l'avoir déjà prêté à quelqu'un d'autre.

5. 听后复述　Écoutez et répétez

我和小王约好今天晚上去酒吧喝酒。下午我们两个人先去友谊商店买东西。从友谊商店出来以后，我去看一个朋友，小王去王府井。我在朋友家吃晚饭，六点半才从朋友家出来。到酒吧门口的时候，七点多了，小王正在那里等我。我说："来得太晚了，真抱歉，请原谅！"他说："没关系。"我们就一起进酒吧去了。

6. 语音练习　Exercices de phonétique

(1) 常用音节练习　Lisez les syllabes suivantes

(2) 朗读会话　Séance de lecture à voix haute

A: Māma, xiànzài wǒ chūqu kàn péngyou.

B: Shénme shíhou huílai?

A: Dàgài wǎnshang shí diǎn duō.

B: Tài wǎn le.

A: Wǒmen yǒu diǎnr shì, nín bié děng wǒ, nín xiān shuì.

B: Hǎo ba, bié tài wǎn le.

yíhàn
遗憾
Regret

24 真遗憾，我没见到他
C'est dommage que je ne l'aie pas vu

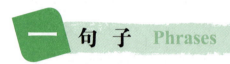
句 子 Phrases

165
地上怎么乱七八糟的？
Dìshang zěnme luànqībāzāo de?
Pourquoi y a-t-il un tel désordre par terre?

166
是不是你出差没关窗户？
Shì bu shì nǐ chū chāi méi guān chuānghu?
N'as-tu pas oublié de fermer la fenêtre avant que tu partes en mission?

167
忘了关窗户了。 J'ai oublié de fermer la fenêtre.
Wàngle guān chuānghu le.

168
花瓶也摔碎了。 Et le vase s'est aussi cassé.
Huāpíng yě shuāisuì le.

169
太可惜了！ C'est très dommage.
Tài kěxī le!

170
公司有急事，让他马上回国。
Gōngsī yǒu jí shì, ràng tā mǎshàng huí guó.
Dites-lui de retourner immédiatement de l'étranger, car il y a quelque chose d'urgent dans l'entreprise.

171
他让我告诉你，多跟他联系。
Tā ràng wǒ gàosu nǐ, duō gēn tā liánxì.
Il m'a demandé de te dire d'entrer souvent en contact avec lui.

24 真遗憾，我没见到他 C'est dommage que je ne l'aie pas vu

172 | 真遗憾，我没见到他。
Zhēn yíhàn, wǒ méi jiàndào tā.
C'est dommage que je ne l'aie pas vu.

二 会话 Conversations

1

尼娜：我两天不在，地上怎么乱七八糟的？
Nínà: Wǒ liǎng tiān bú zài, dìshang zěnme luànqībāzāo de?

丽英：是不是你出差没关窗户？昨天风很大。
Lìyīng: Shì bu shì nǐ chū chāi méi guān chuānghu? Zuótiān fēng hěn dà.

尼娜：哎呀，忘了关了，真糟糕！
Nínà: Āiyā, wàngle guān le, zhēn zāogāo!

丽英：以后出门一定要关好窗户。
Lìyīng: Yǐhòu chū mén yídìng yào guānhǎo chuānghu.

尼娜：你看，花瓶也摔碎了。
Nínà: Nǐ kàn, huāpíng yě shuāisuì le.

丽英：是大卫送给你的那个吗？
Lìyīng: Shì Dàwèi sònggěi nǐ de nàge ma?

尼娜：是，那是他给我的生日礼物。
Nínà: Shì, nà shì tā gěi wǒ de shēngrì lǐwù.

丽英：太可惜了！
Lìyīng: Tài kěxī le!

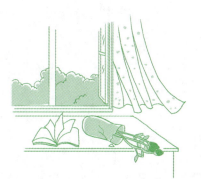

2

刘京: 昨天李成日回国了。
Liú Jīng: Zuótiān Lǐ Chéngrì huí guó le.

和子: 我怎么不知道？
Hézǐ: Wǒ zěnme bù zhīdào?

刘京: 公司有急事，让他
Liú Jīng: Gōngsī yǒu jí shì, ràng tā

马上回国。
mǎshàng huí guó.

和子: 真不巧，我还有事找他呢。
Hézǐ: Zhēn bù qiǎo, wǒ hái yǒu shì zhǎo tā ne.

刘京: 昨天我和他都给你打电话，可是你关
Liú Jīng: Zuótiān wǒ hé tā dōu gěi nǐ dǎ diànhuà, kěshì nǐ guān

机了。
jī le.

和子: 不是，是我忘了充电，手机没电了。
Hézǐ: Bú shì, shì wǒ wàngle chōng diàn, shǒujī méi diàn le.

刘京: 他让我告诉你，多跟他联系。
Liú Jīng: Tā ràng wǒ gàosu nǐ, duō gēn tā liánxì.

和子: 真遗憾，我没见到他。
Hézǐ: Zhēn yíhàn, wǒ méi jiàndào tā.

三 替换与扩展 Substitutions et Extensions

1. 替换 Substitutions

(1) 公司让他马上回国。

经理	出差
老师	翻译生词
玛丽	关窗户

(2) 他让我告诉你多跟他联系。

马上去开会
常给他打电话
明天见面
他回国了
常给他发电子邮件

2. 扩展 Extensions

(1) 王　先　生　去　上　海　出　差　了，是　不　是？
　　Wáng xiānsheng qù Shànghǎi chū chāi le, shì bu shì?

(2) 我　家　的　花　儿　都　开　了，有　红　的、黄　的、
　　Wǒ jiā de huār dōu kāi le, yǒu hóng de、huáng de、

白　的，漂　亮　极　了。
bái de, piàoliang jí le.

四 生 词 Nouveaux mots

1.	地	dì	名	sol; terre
2.	乱七八糟	luànqībāzāo		désordre
3.	出差	chū chāi		partir en mission, partir en déplacement professionnel
4.	关	guān	动	fermer
5.	窗户	chuānghu	名	fenêtre
6.	忘	wàng	动	oublier
7.	花瓶	huāpíng	名	vase
8.	摔	shuāi	动	tomber
9.	碎	suì	形	cassé
10.	可惜	kěxī	形	dommage
11.	急	jí	形	urgent; pressé
12.	马上	mǎshàng	副	tout de suite
13.	联系	liánxì	动	contacter
14.	遗憾	yíhàn	形	dommage
15.	见	jiàn	动	voir
16.	风	fēng	名	vent
17.	糟糕	zāogāo	形	terrible; mauvais
18.	出门	chū mén		sortir
19.	礼物	lǐwù	名	cadeau
20.	充电	chōng diàn		charger

24 真遗憾，我没见到他　C'est dommage que je ne l'aie pas vu

21.	红	hóng	形	rouge
22.	黄	huáng	形	jaune
23.	白	bái	形	blanc

专名　Nom propre

| 尼娜 | Nínà | Nina |

五　语法　Grammaire

1. "是不是"构成的正反疑问句　Question affirmative-négative «是不是»

对某一事实或情况已有估计，为了进一步证实，就用"是不是"构成的疑问句提问。"是不是"可以在谓语前，也可在句首或句尾。例如：

Une question affirmative-négative avec «是不是» est utilisée pour confirmer une information ou un fait. «是不是» peut être placé devant un prédicat, au début ou à la fin d'une phrase. Par exemple :

① 李成日先生是不是回国了？
② 是不是你的手机坏了？
③ 这个电影大家都看过了，是不是？

2. 用动词"让"的兼语句　Phrase séquentielle avec le verbe «让»

跟用"请"的兼语句句式一样，动词"让"构成的兼语句也有要求别人做某事的意思。只是用"请"的兼语句用于比较客气的场合。例如：

Une phrase séquentielle avec le verbe «让» peut être utilisée pour demander à quelqu'un de faire quelque chose, mais c'est moins poli que «请». Par exemple:

① 他让我带东西。　② 公司让他回国。

③ 我让他给我照张相。　④ 他让我告诉你，你明天去他家。

六　练习　Exercices

1. 熟读下列短语并选择几个造句　Répétez plusieurs fois les locutions ci-dessous et en choisissez quelques-unes pour construire des phrases

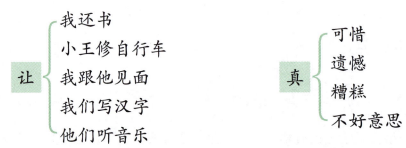

2. 完成对话（用上表示遗憾的词语）　Complétez les dialogues (avec les mots exprimant le regret)

(1) A：听说你的手机坏了。

　　B：是啊，上个月刚买的。

　　A：＿＿＿＿＿＿＿＿＿＿＿＿＿。

(2) A：昨天晚上的杂技好极了，你怎么没去看？

　　B：我有急事，＿＿＿＿＿＿＿＿＿＿＿＿＿。

　　A：听说这个星期六还演呢。

　　B：那我一定去看。

24 真遗憾，我没见到他　C'est dommage que je ne l'aie pas vu

3. 按照实际情况回答问题　Répondre aux questions suivantes

（1）你汉语说得怎么样？

（2）昨天的课你复习没复习？

（3）今天你出门的时候，关好窗户了没有？

（4）你有没有遗憾的事？

4. 把下面对话中B的话改成用"是不是"的问句　Transformez les phrases B dans les dialogues ci-dessous en questions affirmatives-négatives en utilisant «是不是»

（1）A：今天我去找小王，他不在。

　　B：他大概回家了。➡ _____

（2）A：不知道为什么飞机晚点了。

　　B：我想可能是天气不好。➡ _____

5. 听后复述　Écoutez et répétez

昨天星期天，早上张老师去买菜。中午他爱人要做几个菜，请朋友们在家吃饭。

很快，菜就买回来了。红的、绿（lǜ, vert）的、白的、黄的……他爱人看了说："这菜又新鲜（xīnxiān, frais）又好看。"张老师说："好吃不好吃，就看你做得怎么样了！"他爱人说："让你买的肉（ròu, viande）呢？没有肉我怎么做呀？"张老师说："糟糕，我买的肉没拿，交了钱就走了。"他爱人说："那你去找找吧。今天的菜好吃不好吃，就看你了！"

6. 语音练习 Exercices de phonétique

(1) 常用音节练习　Lisez les syllabes suivantes

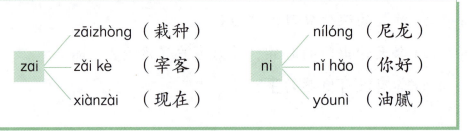

(2) 朗读会话　Séance de lecture à voix haute

A: Nǐ de xīn zìxíngchē zhēn piàoliang!

B: Kěshì huài le.

A: Zhēn kěxī, néng xiūhǎo ma?

B: Bù zhīdào.

A: Xiūxiu ba, kàn zěnmeyàng.

B: Hǎo.

chēngzàn
称赞
Approbation

25 这张画儿真美

C'est une très jolie peinture

一 句子 Phrases

173
你的房间布置得好极了。
Nǐ de fángjiān bùzhì de hǎojí le.
Ta chambre est très bien meublée.

174
这张画儿真美!
Zhè zhāng huàr zhēn měi!
C'est une très jolie peinture!

175
你的房间又干净又漂亮。
Nǐ de fángjiān yòu gānjìng yòu piàoliang.
Ta chambre est non seulement propre mais aussi belle.

176
今天没有人来。 Personne ne vient aujourd'hui.
Jīntiān méiyǒu rén lái.

177
你的衣服更漂亮。 Tes vêtements sont plus beaux.
Nǐ de yīfu gèng piàoliang.

178
这件衣服不是买的,是我妈妈
Zhè jiàn yīfu bú shì mǎi de, shì wǒ māma
做的。
zuò de.
Je n'ai pas acheté ce vêtement. C'est ma mère qui l'a fait.

179　你 妈妈 的 手 真 巧。
　　Nǐ māma de shǒu zhēn qiǎo.
　　Ta mère a des mains en or.

180　要 是 你 喜 欢，就 给 你 女朋友 做 一 件。
　　Yàoshi nǐ xǐhuan, jiù gěi nǐ nǚpéngyou zuò yí jiàn.
　　Si tu aimes la robe, alors fais-en une pour ta petite amie.

二　会 话　Conversations

1

王兰：你的房间布置得好极了。
Wáng Lán: Nǐ de fángjiān bùzhì de hǎojí le.

玛丽：哪儿啊，马马虎虎。
Mǎlì: Nǎr a, mǎmǎhūhū.

王兰：桌子放在这儿，写字看书都很好。
Wáng Lán: Zhuōzi fàng zài zhèr, xiě zì kàn shū dōu hěn hǎo.

玛丽：你看，衣柜放在床旁边，怎么样？
Mǎlì: Nǐ kàn, yīguì fàng zài chuáng pángbiān, zěnmeyàng?

王兰：很好。拿东西很方便。
Wáng Lán: Hěn hǎo. Ná dōngxi hěn fāngbiàn.

沙发放在书桌东边，
Shāfā fàng zài shūzhuō dōngbian,
也很合适。
yě hěn héshì.

25 这张画儿真美 　C'est une très jolie peinture

王兰： 这张画儿真美！
Wáng Lán: Zhè zhāng huàr zhēn měi!

玛丽： 是吗？刚买的。
Mǎlì: Shì ma? Gāng mǎi de.

王兰： 你的房间又干净又漂亮。今天谁来啊？
Wáng Lán: Nǐ de fángjiān yòu gānjìng yòu piàoliang. Jīntiān shéi lái a?

玛丽： 没有人来。新年快到了。
Mǎlì: Méiyǒu rén lái. Xīnnián kuài dào le.

王兰： 啊，明天晚上有音乐会。
Wáng Lán: Ā, míngtiān wǎnshang yǒu yīnyuèhuì.

玛丽： 真的？那明天晚上我们去听音乐吧。
Mǎlì: Zhēn de? Nà míngtiān wǎnshang wǒmen qù tīng yīnyuè ba.

王兰： 好的。
Wáng Lán: Hǎo de.

2

王兰： 你今天穿得真漂亮！
Wáng Lán: Nǐ jīntiān chuān de zhēn piàoliang!

玛丽： 是吗？过新年了嘛。① 你的衣服更漂亮，在哪儿买的？
Mǎlì: Shì ma? Guò xīnnián le ma. Nǐ de yīfu gèng piàoliang, zài nǎr mǎi de?

王兰： 不是买的，是我妈妈做的。
Wáng Lán: Bú shì mǎi de, shì wǒ māma zuò de.

玛丽：你 妈 妈 的 手 真 巧！衣 服 的 样 子 也
Mǎlì: Nǐ māma de shǒu zhēn qiǎo! Yīfu de yàngzi yě

很 好。
hěn hǎo.

王兰：我 也 觉得 不 错。
Wáng Lán: Wǒ yě juéde búcuò.

刘京：我 很 喜欢 这 个 颜 色。
Liú Jīng: Wǒ hěn xǐhuan zhège yánsè.

玛丽：要是 你 喜欢，就 给 你 女朋友 做 一 件。
Mǎlì: Yàoshi nǐ xǐhuan, jiù gěi nǐ nǚpéngyou zuò yí jiàn.

刘京：我 还 没有 女朋友 呢。
Liú Jīng: Wǒ hái méiyǒu nǚpéngyou ne.

注释　Remarque

① 过新年了嘛。　C'est le nouvel an après tout.

语气助词"嘛"表示一种"道理显而易见""理应如此"的语气。
La particule modale «嘛» exprime une évidence et un ton impérieux.

三　替换与扩展　Substitutions et Extensions

1. 替换　Substitutions

（1）你的<u>房间</u>又<u>干净</u>又<u>漂亮</u>。

法文书	容易	有意思
衣服	便宜	好看
女朋友	高	漂亮

25 这张画儿真美　C'est une très jolie peinture

（2）这件衣服不是买的，
　　是我妈妈做的。

个	菜	我自己	做
张	画儿	朋友	画
辆	自行车	我哥哥	借

（3）我很喜欢这个颜色。

个	孩子	些	花儿
张	照片	辆	汽车
支	铅笔	块	手表

2. 扩展　Extensions

（1）要是明天天气好，我们就去公园划船。
　　Yàoshi míngtiān tiānqì hǎo, wǒmen jiù qù gōngyuán huá chuán.

（2）A：今天他们两个怎么穿得这么漂亮？
　　　Jīntiān tāmen liǎng ge zěnme chuān de zhème piàoliang?

　　B：结婚嘛。
　　　Jié hūn ma.

四　生词　Nouveaux mots

1.	布置	bùzhì	动	décorer
2.	画儿	huàr	名	peinture
3.	美	měi	形	belle; joli'e
4.	又	yòu	副	encore; aussi

5.	更	gèng	副	plus; encore plus
6.	手	shǒu	名	main
7.	要是	yàoshi	连	si
8.	马马虎虎	mǎmǎhūhū	形	comme si comme ça; négligeant
9.	桌子	zhuōzi	名	table
10.	放	fàng	动	poser
11.	衣柜	yīguì	名	armoire
12.	方便	fāngbiàn	形	confortable
13.	沙发	shāfā	名	canapé
14.	合适	héshì	形	convenable
15.	嘛	ma	助	*particule modale indiquant quelque chose d'évident*
16.	样子	yàngzi	名	apparence; forme
17.	觉得	juéde	动	penser
18.	颜色	yánsè	名	couleur
19.	容易	róngyì	形	facile
20.	自己	zìjǐ	代	soi-même
21.	画	huà	动	dessiner
22.	些	xiē	量	quelques
23.	铅笔	qiānbǐ	名	crayon
24.	手表	shǒubiǎo	名	montre
25.	这么	zhème	代	comme ça; comme

25 这张画儿真美 C'est une très jolie peinture

五 语法 Grammaire

1. 又……又…… L'expression 《又……又……》 (non seulement...mais aussi...)

表示两种情况或性质同时存在。例如：
Cette construction signifie que deux situations ou deux propriétés existent simultanément. Par exemple:

① 你的房间又干净又漂亮。　② 那儿的东西又便宜又好。
③ 他的汉字写得又好又快。

2. 要是……就…… L'expression 《要是……就……》 (si..., alors...)

"要是"表示假设，后一分句常用副词"就"来承接上文，得出结论。例如：
La conjonction «要是» exprime une hypothèse dans la proposition subordonnée, et l'adverbe «就» se trouve dans la proposition principale débouchant souvent à une conclusion. Par exemple:

① 你要是有那本小说就带来。
② 要是明天不上课，我们就去北海公园。
③ 你要是有时间，就来我家玩儿。

六 练习 Exercices

1. 回答问题（用上所给的词语） Répondez aux questions (en utilisant les mots donnés)

（1）北海公园怎么样？（又……又……）

（2）这个星期天你去公园玩儿吗？（要是……就……）

（3）为什么你喜欢这件衣服？（喜欢　颜色）

（4）这套书是你买的吗？（不是……，是……）

2. **完成句子（用上"很""真""极了""更""太……了"）** Complétez les phrases suivantes (utilisez «很» «真» «极了» «更» et «太……了»)

（1）这个句子＿＿＿＿＿＿，大家都会翻译。

（2）她很会做中国菜，她做的鱼＿＿＿＿＿＿。

（3）今天天气＿＿＿＿＿＿，听说明天天气＿＿＿＿＿＿。我们应该出去玩儿玩儿。

（4）你这张照片＿＿＿＿＿＿，人很漂亮，那些花儿也很美。

3. **用所给词语完成句子** Complétez les phrases suivantes en utilisant les mots donnés

（1）那个商店的东西＿＿＿＿＿＿。（又……又……）

（2）这种橘子＿＿＿＿＿＿。（又……又……）

（3）要是我有钱，＿＿＿＿＿＿。（就）

（4）要是明天天气不好，＿＿＿＿＿＿。（就）

4. **完成对话** Complétez les conversations suivantes

（1）A：你看，这套西服（xīfú, costume）怎么样？

　　B：＿＿＿＿＿＿，贵吗？

　　A：不太贵。

　　B：＿＿＿＿＿＿，还有吗？

　　A：怎么？你也想买吗？

　　B：是啊，＿＿＿＿＿＿。

25 这张画儿真美　C'est une très jolie peinture

（2）A：你的字写得真好！

　　B：_____，你写得更好。

　　A：_____，我刚学。

5. 听后复述　Écoutez et répétez

玛丽的毛衣是新疆（Xīnjiāng, Région autonome du Xinjiang Uygur en Chine）生产（shēngchǎn, produire）的，样子好看，颜色也漂亮。大卫说，新疆的水果（shuǐguǒ, fruit）和饭菜也好吃极了。玛丽听了很高兴。她约大卫今年七月去新疆。在新疆可以玩儿，可以吃很多好吃的东西。大卫让玛丽别吃得太多，要是吃得太多，回来以后就不能穿那件毛衣了。

6. 语音练习　Exercices de phonétique

（1）常用音节练习　Lisez les syllabes suivantes

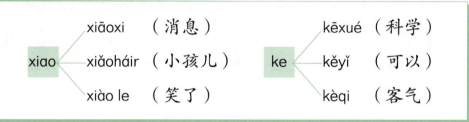

（2）朗读会话　Séance de lecture à voix haute

A: Zhèxiē huār shì mǎi de ma?

B: Bú shì mǎi de, shì wǒ zuò de.

A: Nǐ de shǒu zhēn qiǎo!

B: Nǎr a, wǒ gāng xué.

A: Shì gēn Hézǐ xué de ma?

B: Bú shì, shì gēn yí ge Zhōngguó tóngxué xué de.

复习（五）
Révisions (Ⅴ)

一　会话　Conversations

1

A：刚才小林来找你，你不在。

B：我去朋友那儿，刚回来。他有事吗？

A：他让我告诉你，下星期六他结婚，请你去喝喜酒（xǐjiǔ, vin de mariage）。

B：真的吗？那我一定去。我还没参加过中国人的婚礼（hūnlǐ, mariage）呢。

A：下星期六我来找你，我们一起去。

B：好的。

2

A：你怎么了？病（bìng, malade）了吗？

B：是的。真遗憾，今天我不能去参加小林的婚礼了。

A：你就在宿舍休息吧，我一个人去。再见！

B：再见！

复习（五） Révisions (V)

3

A：可以进来吗？

B：请进。

A：你看，谁来了？

B：啊，小林！对不起，那天我病了，没去参加你们的婚礼。

林：没关系。你的病好了吗？

B：好了。

林：今天我给你送喜糖（xǐtáng, bonbons de mariage）来了。

B：谢谢你！听说你爱人很漂亮。

A：她还会唱歌跳舞呢。那天唱得好听极了。他们还表演（biǎoyǎn, donner un spectacle）了两个人吃一块糖。

林：你别听他的。

B：那是接吻（jiē wěn, s'embrasser）吗？

A：是的，中国人不在别人面前（miànqián, devant）接吻，这是结婚的时候大家闹着玩儿（nàozhe wánr, blaguer; jouer）的。

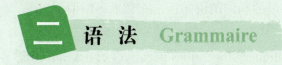

语气助词"了"与动态助词"了"　Particule modale «了» et particule d'aspect «了»

（1）语气助词"了"用在句尾，强调某事或某情况已经发生；动态助词"了"用在动词后，强调这个动作已经完成或肯定要完成。例如：

La particule modale «了» à la fin d'une phrase souligne que qch. s'est déjà produite, et la particule d'aspect «了» après le verbe souligne que l'action a déjà eu lieu ou aura certainement lieu. Par exemple:

① A：昨天你去哪儿了？
B：我去商场（shāngchǎng, centre commercial）了。
（肯定这件事已发生
cette chose s'est déjà produite）

② A：你买了什么东西？
B：我买了一套衣服。
（"买"的动作已完成
Action est déjà terminée）

（2）动词后既有动态助词"了"，又有简单宾语时，宾语前一般要有数量词或其他定语，或者有比较复杂的状语，才能成句。例如：

Si le verbe est suivi d'une particule d'aspect «了» et d'un complément d'objet simple, alors ce dernier est généralement précédé d'un quantificateur, d'un complément circonstanciel complexe ou d'autres mots descriptifs, dans le but de former une phrase complète. Par exemple:

③ 我买了一件毛衣。
④ 他做了很好吃的菜。
⑤ 我很快地转告了她。

（3）不表示具体动作的动词"是""在""像"等和表示存在的"有"，一般不用动态助词"了"。

Après des verbes statiques comme «是» «在» «像» «有», la particule d'aspect «了» n'est généralement pas utilisée.

（4）不表示具体动作的动词谓语句、一般的动词谓语句否定式和形容词谓语句等，句尾都可带"了"，表示变化。例如：

Si le prédicat est constitué des verbes statiques, des formes négatives et des adjectifs, la particule modale «了» se place à la fin de la phrase et signale un changement d'état. Par exemple:

⑥ 现在是冬天（dōngtiān, hiver）了，天气冷了。
⑦ 他现在不是学生，是老师了。
⑧ 我不去玛丽那儿了。

三 练 习 Exercices

1. 按照实际情况回答问题 Répondre aux questions suivantes

（1）现在你正在做什么？昨天这个时候你在做什么？

（2）到中国以后，你都去哪儿了？买了什么？

（3）你说汉语说得怎么样？汉字会不会写？

（4）你有没有觉得遗憾的事？请说一说。

2. 会话 Conversations

（1）称赞 approbation （衣服、吃的、房间）

> 多好（漂亮、美、好看）啊！　　哪儿啊！
> 真好吃（干净……）！　　　　　马马虎虎！
> ……极了！　　　　　　　　　　是吗？
> 又……又……

（2）道歉 Désolé(-e) （来晚了、弄坏了东西、弄脏了东西）

> 对不起！　　没关系。
> 请原谅！　　没什么。
> 真抱歉！

（3）遗憾 Dommage （好的地方没去、喜欢的东西没买到）

> 太可惜了！　　真不巧！　　真遗憾！

3. 完成对话 Complétez les conversations suivantes

（1）A：喂，玛丽吗？今天我请你吃晚饭。

B：真的吗？_____？

A：北京饭店。_____。

B：不用接我，七点我自己去。

（2）A：昨天的话剧好极了，你怎么没去看啊？

B：_____。_____！这个星期还演吗？

A：可能还演，你可以打电话问问。

4. 语音练习 Exercices de phonétique

（1）声调练习：第二声+第四声 Exercices des tons : 2ᵉ ton + 4ᵉ ton

yíhàn　（遗憾）

búyào (non) yíhàn　（不要遗憾）

yídìng búyào yíhàn　（一定不要遗憾）

（2）朗读会话 Séance de lecture à voix haute

A: Zhè jiàn máoyī zhēn piàoliang, wǒ hěn xǐhuan zhège yánsè.

B: Kěxī yǒudiǎnr duǎn.

A: (Duì) Nǐ bāng wǒ kànkan, yǒu cháng diǎnr de ma?

C: Méiyǒu.

A: Zhēn yíhàn.

四 阅读短文 Lisez le texte

我昨天晚上到北京。今天早上我对姐姐说,我出去玩儿玩儿。姐姐说:"你很累了,昨天晚上也没睡好觉,你今天在家休息,明天我带你去玩儿。"我在家觉得没意思,姐姐出去买东西的时候,我就一个人出去了。

北京这个地方很大,我第一次来,也不认识路。我走到一个公园门口,就进去了。

公园里的花儿开得漂亮极了。玩儿了一会儿我觉得累了,就坐在长椅(chángyǐ, banc)上休息。

"喂,要关门(guān mén, fermer la porte)了,快回去吧!"一个公园里的人叫我。哎呀,刚才我睡着(shuìzháo, s'endormir)了。现在已经(yǐjīng, déjà)很晚了,我想姐姐一定在找我呢,我得(děi, devoir)快点儿回家了。

zhùhè
祝贺
Félicitations

26 祝贺你
Félicitations

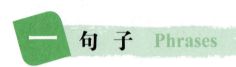

一 句子 Phrases

181 这次考试，成绩还可以。
Zhè cì kǎoshì, chéngjì hái kěyǐ.
Le résultat de cet examen est assez bien.

182 他的成绩全班第一。
Tā de chéngjì quán bān dì-yī.
Il a les meilleures notes de toute la classe.

183 考得真好，祝贺你！
Kǎo de zhēn hǎo, zhùhè nǐ!
Félicitations d'avoir réussi ton examen.

184 祝你生日快乐！ Joyeux anniversaire!
Zhù nǐ shēngrì kuàilè!

185 祝你身体健康！ Je te souhaite une bonne santé!
Zhù nǐ shēntǐ jiànkāng!

186 尼娜有事来不了。
Nínà yǒu shì lái bu liǎo.
Nina ne viendra pas parce qu'elle est occupée.

187 我送你一件礼物，请收下。
Wǒ sòng nǐ yí jiàn lǐwù, qǐng shōuxià.
J'ai un cadeau pour toi, accepte-le s'il te plaît.

| 188 | 你打开盒子看看。
Nǐ dǎkāi hézi kànkan.
Ouvre la boîte pour voir. |

二 会 话 Conversations

1

刘京： 这次考试成绩怎么样？
Liú Jīng: Zhè cì kǎoshì chéngjì zěnmeyàng?

大卫： 还可以。笔试九十分，口试八十五分。
Dàwèi: Hái kěyǐ. Bǐshì jiǔshí fēn, kǒushì bāshíwǔ fēn.

玛丽： 你知道吗？他的成绩全班第一。
Mǎlì: Nǐ zhīdào ma? Tā de chéngjì quán bān dì-yī.

刘京： 考得真好，祝贺你！
Liú Jīng: Kǎo de zhēn hǎo, zhùhè nǐ!

大卫： 玛丽考得也不错。
Dàwèi: Mǎlì kǎo de yě búcuò.

玛丽： 这要感谢刘京和
Mǎlì: Zhè yào gǎnxiè Liú Jīng hé

王兰的帮助。
Wáng Lán de bāngzhù.

2

玛丽：王兰，祝你生日快乐！
Mǎlì: Wáng Lán, zhù nǐ shēngrì kuàilè!

刘京：我们送你一个生日蛋糕。祝你身体健康！
Liú Jīng: Wǒmen sòng nǐ yí ge shēngrì dàngāo. Zhù nǐ shēntǐ jiànkāng!

王兰：谢谢！
Wáng Lán: Xièxie!

大卫：这是我给你的花儿。
Dàwèi: Zhè shì wǒ gěi nǐ de huār.

王兰：这些花儿真漂亮。
Wáng Lán: Zhèxiē huār zhēn piàoliang.

大卫：尼娜有事来不了。
Dàwèi: Nínà yǒu shì lái bu liǎo.

王兰：我知道，她给我发微信了。
Wáng Lán: Wǒ zhīdào, tā gěi wǒ fā wēixìn le.

和子：我送你一件礼物，请收下。
Hézǐ: Wǒ sòng nǐ yí jiàn lǐwù, qǐng shōuxià.

刘京：你知道她送的是什么吗？
Liú Jīng: Nǐ zhīdào tā sòng de shì shénme ma?

王兰：不知道。
Wáng Lán: Bù zhīdào.

26 祝贺你 Félicitations

和子： 你 打 开 盒 子 看 看 。
Hézǐ: Nǐ dǎkāi hézi kànkan.

王兰： 啊， 是 一 只 小 狗 。
Wáng Lán: À, shì yì zhī xiǎo gǒu.

刘京： 这 个 小 东 西 多 可 爱 啊！①
Liú Jīng: Zhège xiǎo dōngxi duō kě'ài a!

注释 Remarque

① 这个小东西多可爱啊！ Qu'elle est mignonne cette petite chose !

"小东西"这里指的是玩具"小狗"。有时"小东西"也可指人或动物，并含有喜爱的感情。

《小东西》 (petite chose) se réfère ici à un jouet sous forme de chiot. Parfois, ce mot fait référence à une personne ou à un animal et a une connotation affectueuse.

三 替换与扩展 Substitutions et Extensions

1. 替换 Substitutions

(1) 祝你<u>生日快乐</u>！ ➤◄ | 新年快乐 | 身体健康 |
                              | 生活幸福 | 工作顺利 |

(2) 你打开<u>盒子 看看</u>。 ➤◄ | 衣柜 找 | 窗户 看 |
                                  | 邮箱 看 | 门 看 |

（3）这个<u>小东西</u>多
    <u>可爱</u>啊！

| 公园 | 美 | 问题 | 难 |
| 鱼 | 好吃 | 地方 | 好玩儿 |

2. 扩展 Extensions

（1）今天玛丽的一个朋友结婚，玛丽发了微信
　　 Jīntiān Mǎlì de yí ge péngyou jié hūn, Mǎlì fāle wēixìn
　　 祝贺他们。
　　 zhùhè tāmen.

（2）祝你们新婚愉快，生活幸福！
　　 Zhù nǐmen xīnhūn yúkuài, shēnghuó xìngfú!

四 生词 Nouveaux mots

1.	成绩	chéngjì	名	notes; résultats
2.	全	quán	形/副	tout
3.	班	bān	名	classe
4.	考	kǎo	动	faire un examen
5.	祝贺	zhùhè	动	féliciter
6.	祝	zhù	动	féliciter, souhaiter
7.	快乐	kuàilè	形	joyeux; heureux
8.	了	liǎo	动	utilisé avec «得» et «不» après un verbe pour exprimer la possibilité
9.	打开	dǎkāi		ouvrir

10.	盒子	hézi	名	boîte
11.	笔试	bǐshì	名	examen écrit
12.	分	fēn	名	crédits; notes
13.	口试	kǒushì	名	examen oral
14.	蛋糕	dàngāo	名	gâteau
15.	只	zhī	量	*mot de mesure pour les animaux*
16.	狗	gǒu	名	chien
17.	可爱	kě'ài	形	adorable
18.	幸福	xìngfú	形 / 名	bonheur
19.	门	mén	名	porte
20.	问题	wèntí	名	question; problème
21.	难	nán	形	difficile
22.	新婚	xīnhūn	动	se marier (récemment)

五 语法 Grammaire

1. 可能补语（1） Complément de potentialité (1)

在动词和结果补语之间加上结构助词"得"，就构成了表示可能的可能补语。如"修得好""打得开"，就是"能修好""能打开"的意思。它的否定式是将中间的"得"换成"不"，如"修不好""打不开"等。

Placée entre le verbe et le complément circonstanciel de conséquence, la particule «得» constitue un complément de potentialité. Par exemple: «修得好» «打得开» signifie «能修好» «能打开». La forme négative se forme avec l'adverbe «不» qui remplace la particule «得». Par exemple: «修不好» «打不开» etc..

2. 动词"了"作可能补语　　Le verbe «了» en tant que complément de potentialité

（1）动词"了"表示"完毕"或"结束"的意思。常用在动词后，构成可能补语，表示对行为实现的可能性作出估计。例如：

Le verbe «了» signifie "finir" ou "terminer". Il est généralement placé après le verbe et forme le complément de potentialité. Une telle construction évalue la possibilité d'effectuer une action. Par exemple：

① 明天你去得了公园吗？　　② 他病了，今天来不了了。

（2）有时作可能补语仍旧表示"完毕"的意思。例如：

Parfois, la construction avec «了» dénote la fin d'une action. Par exemple：

③ 这么多菜，我一个人吃不了。

④ 做这点儿练习，用不了半个小时。

3. "开""下"作结果补语　　«开» et «下» comme complément de conséquence

A. 动词"开"作结果补语　　Le verbe «开» comme complément de conséquence

（1）表示通过动作使合拢、连接的东西分开。例如：

Cela signifie la séparation des choses qui sont fermées et reliées. Par exemple：

① 她打开衣柜拿了一件衣服。

② 请打开书，看第十五页（yè, page）。

（2）表示通过动作，使人或物离开某处。例如：

Cela signifie l'éloignement d'une personne et d'une chose d'un lieu. Par exemple：

③ 车来了，快走开！

④ 快拿开桌子上的东西。

B. 动词 "下" 作结果补语　Le verbe «下» comme complément de conséquence

（1）表示人或事物随动作从高处到低处。例如：
Pour indiquer un mouvement vers le bas. Par exemple:

⑤ 你坐下吧。
⑥ 他放下书就去吃饭了。

（2）使某人或某物固定在某处。例如：
Obliger quelqu'un ou quelque chose à rester sur place. Par exemple:

⑦ 写下你的电话号码。
⑧ 请收下这个礼物吧。

六 练习 Exercices

1. 熟读下列短语并选择几个造句　Répétez plusieurs fois les locutions ci-dessous et en choisissez quelques-unes pour construire des phrases

全班	生活幸福	买礼物	来得了
全家	全家幸福	送礼物	来不了
全校	幸福的生活	生日礼物	吃得了
全国	幸福的孩子	结婚礼物	吃不了

2. 用"多……啊"完成句子 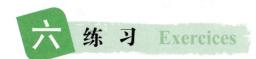 Complétez les phrases suivantes en utilisant «多……啊»

（1）这件衣服的颜色 _____。

（2）上课的时候，我去晚了，你知道我 _____！

（3）你没去过长城？那 _____！

（4）你爸爸妈妈都很健康，你们全家 _____！

（5）你新买的自行车坏了，_____！

3. 完成对话（用上祝愿、祝贺的话） Complétez les dialogues (avec souhaits, félicitations)

（1）A：听说你有两张画儿参加了画展，_____！

　　B：谢谢！欢迎参观。

（2）A：明天要考试了。

　　B：_____！

（3）A：我妈妈来了，我明天陪她出去玩儿玩儿。

　　B：_____！

4. 用结果补语或可能补语完成句子 Complétez les phrases suivantes en utilisant le complément de conséquence et le complément de potentialité

（1）房间里太热了，请_____。

（2）这是他给你的礼物，请_____。

（3）我的手表坏了，_____？

（4）这么多菜，我们_____。

（5）这件衣服真脏，_____？

（6）明天的会你_____？

5. 会话 Conversations

（1）你朋友考试成绩很好，你向他/她祝贺。
　　Ton ami a bien réussi son examen et tu le félicites.

（2）你的朋友结婚，你去祝贺他/她。
　　　Ton ami se marie (ou une amie se marie) et tu vas le (ou la) féliciter.

6. 听后复述　Écoutez et répétez

　　上星期法语系的同学用法语唱歌、演话剧（huàjù, théâtre）。王兰、刘京都参加了。那些同学的法语说得真好，歌唱得更好。以后我们要是能用汉语演话剧就好了。

　　刘京他们班演的话剧是全系第一，王兰唱歌是第三。我们高兴极了，都去祝贺他们。

7. 语音练习　Exercices de phonétique

（1）常用音节练习　Lisez les syllabes suivantes

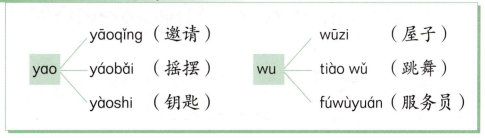

（2）朗读会话　Séance de lecture à voix haute

A: Xīnnián hǎo!

B: Xīnnián hǎo! Zhù nǐ xīnnián kuàilè!

A: Zhù nǐmen quán jiā xìngfú!

B: Zhù nǐmen shēntǐ jiànkāng, shēnghuó yúkuài!

A: Xièxie!

quàngào
劝告
Conseils

27 你别抽烟了
Ne fume plus s'il te plaît

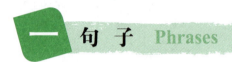
一 句 子 Phrases

189 我 有点儿 咳嗽。 Je tousse un peu.
Wǒ yǒudiǎnr késou.

190 你 别 抽 烟 了。 Ne fume plus s'il te plaît.
Nǐ bié chōu yān le.

191 抽 烟 对 身体 不 好。
Chōu yān duì shēntǐ bù hǎo.
Fumer n'est pas bon pour la santé.

192 你 去 医院 看看 吧。
Nǐ qù yīyuàn kànkan ba.
Va à l'hôpital pour consulter un médecin.

193 你 开车 开 得 太 快 了。
Nǐ kāi chē kāi de tài kuài le.
Tu roules trop vite.

194 开 快 了 容易 出 事 故。
Kāikuàile róngyì chū shìgù.
Tu vas avoir un accident si tu roules trop vite.

195 昨天 清华 大学 前边 出 交通 事 故 了。
Zuótiān Qīnghuá Dàxué qiánbian chū jiāotōng shìgù le.
Hier, il y a eu un accident devant l'Université Tsinghua.

27 你别抽烟了 | Ne fume plus s'il te plaît

| 196 | 你得注意安全啊！
Nǐ děi zhù yì ānquán a!
Fais attention! |

二 会话 Conversations

1

李红： 老张①，你怎么了？
Lǐ Hóng: Lǎo Zhāng, nǐ zěnme le?

老张： 没什么，有点儿咳嗽。
Lǎo Zhāng: Méi shénme, yǒudiǎnr késou.

李红： 你别抽烟了。
Lǐ Hóng: Nǐ bié chōu yān le.

老张： 我每天抽得不多。
Lǎo Zhāng: Wǒ měi tiān chōu de bù duō.

李红： 那对身体也不好。
Lǐ Hóng: Nà duì shēntǐ yě bù hǎo.

老张： 我想不抽，可是觉得不舒服。
Lǎo Zhāng: Wǒ xiǎng bù chōu, kěshì juéde bù shūfu.

李红： 时间长了就习惯了。
Lǐ Hóng: Shíjiān chángle jiù xíguàn le.

老张： 好，我试试。今天先吃点儿药。
Lǎo Zhāng: Hǎo, wǒ shìshi. Jīntiān xiān chī diǎnr yào.

李红： 你去医院看看吧。
Lǐ Hóng: Nǐ qù yīyuàn kànkan ba.

2

王兰：你开车开得太快了。这样不安全。
Wáng Lán: Nǐ kāi chē kāi de tài kuài le. Zhèyàng bù ānquán.

大卫：我有事，得快点儿去。
Dàwèi: Wǒ yǒu shì, děi kuài diǎnr qù.

王兰：那也不能开得这么快。
Wáng Lán: Nà yě bù néng kāi de zhème kuài.

大卫：没关系。我开车的技术好。
Dàwèi: Méi guānxi. Wǒ kāi chē de jìshù hǎo.

王兰：开快了容易出事故。昨天清华大学
Wáng Lán: Kāikuàile róngyì chū shìgù. Zuótiān Qīnghuá Dàxué

前边出交通事故了。
qiánbian chū jiāotōng shìgù le.

大卫：真的吗？
Dàwèi: Zhēn de ma?

王兰：你得注意安全啊！
Wáng Lán: Nǐ děi zhù yì ānquán a!

大卫：好，我以后不开
Dàwèi: Hǎo, wǒ yǐhòu bù kāi

快车了。
kuài chē le.

注释　Remarque

❶ 老张　Lao Zhang

对五六十岁及以上的同事、朋友、邻居等，在姓氏前面加"老"用作称呼，其语气比直呼姓名亲切，对女性不常用。

«老» est un préfixe qui précède le nom de famille, destiné à ceux qui ont plus de cinquante ans. Ayant une connotation affectueuse, ce mot peut désigner les collègues, les amis et les voisins. Il est rare qu'on l'utilise sur les femmes.

27 你别抽烟了 Ne fume plus s'il te plaît

 替换与扩展 Substitutions et Extensions

1. 替换 Substitutions

（1）你别<u>抽烟</u>了。 ▶◀

| 去那儿 | 喝酒 |
| 开快车 | 迟到 |

（2）你<u>开车</u> 开得太<u>快</u>了。 ▶◀

写字	写	慢
睡觉	睡	晚
起床	起	早
说汉语	说	快

2. 扩展 Extensions

（1）我头疼、咳嗽，可能感冒了。一会儿我去医院看病。
Wǒ tóu téng、késou, kěnéng gǎnmào le. Yíhuìr wǒ qù yīyuàn kàn bìng.

（2）每个人都要注意交通安全。
Měi ge rén dōu yào zhù yì jiāotōng ānquán.

（3）小孩子不要在马路上玩儿。
Xiǎoháizi búyào zài mǎlù shang wánr.

（4）长时间看手机对眼睛不好。
Cháng shíjiān kàn shǒujī duì yǎnjing bù hǎo.

四 生词 Nouveaux mots

1.	有点儿	yǒudiǎnr	副	un peu
2.	咳嗽	késou	动	tousser
3.	抽	chōu	动	fumer
4.	烟	yān	名	cigarette
5.	医院	yīyuàn	名	hôpital
6.	事故	shìgù	名	accident
7.	交通	jiāotōng	名	transports
8.	得	děi	能愿	devoir
9.	注意	zhù yì		faire attention
10.	安全	ānquán	形	sécurité
11.	每	měi	代	chaque
12.	舒服	shūfu	形	confortable
13.	习惯	xíguàn	动/名	habituer/habitude
14.	药	yào	名	médicament
15.	技术	jìshù	名	technique
16.	迟到	chídào	动	être en retard
17.	头	tóu	名	tête
18.	疼	téng	形	mal
19.	感冒	gǎnmào	动/名	avoir un rhume/rhume
20.	病	bìng	名/动	malade/maladie

21.	不要	búyào	副	non
22.	马路	mǎlù	名	rue; route
23.	眼睛	yǎnjing	名	yeux

五 语法 Grammaire

1. "有点儿"作状语　《有点儿》 comme complément circonstanciel

"有点儿"在动词或形容词前作状语，表示程度轻微，并带有不如意的意思。例如：

《有点儿》 est utilisé comme complément circonstanciel devant un verbe ou un adjectif, il exprime un degré léger et parfois une déception. Par exemple :

> ① 这件事有点儿麻烦。　② 今天有点儿热。
> ③ 他有点儿不高兴。

2. 存现句　Phrase existentielle

表示人或事物在某处存在、出现或消失的动词谓语句叫作存现句。例如：

La phrase existentielle est une phrase dont le prédicat exprime l'existence, l'apparition et la disparition d'une personne ou d'une chose. Par exemple :

> ① 昨天清华大学前边出交通事故了。
> ② 桌子上有一本汉法词典。
> ③ 前边走来一个外国人。
> ④ 上星期走了一个美国学生。

六 练习 Exercices

1. 用"有点儿"或"(一)点儿"填空　Complétez les phrases en utilisant 《有点儿》《(一)点儿》

(1) 这件衣服 _____ 长，请换一件短 _____ 的。

(2) 刚来中国的时候，我生活 _____ 不习惯，现在习惯 _____ 了。

(3) 现在这么忙，你应该注意 _____ 身体。

(4) 你病了，得去医院看看，吃 _____ 药。

(5) 他刚才喝了 _____ 酒，头 _____ 疼，现在已经好 _____ 了。

2. 完成对话　Complétez les conversations suivantes

(1) A：我想骑车去北海公园。

　　B：路太远，_____。

　　A：_____，我不累。

　　B：路上车多人多，要 _____。

　　A：我会的。

(2) A：我们唱唱歌吧。

　　B：_____，现在十一点了，大家都要休息了。

　　A：好，_____。

3. 会话（用上表示劝告的话）　Conversations (utilisez des mots persuasifs)

(1) 有一个人在公共汽车上抽烟，售票员和抽烟的人对话。
　　Il y a une personne qui fume dans le bus et le vendeur de billet parle avec lui.

（2）有一个参观的人要照相，可是这里不允许照相。你告诉他并劝阻他。
Il y a un visiteur qui veut prendre une photo, mais ce n'est pas autorisé ici. Tu le lui dit et le dissuade.

（3）有一个人骑车，车后还带了一个人，这在中国是不允许的。警察和骑车的人对话。
Il y a une personne qui fait du vélo et transporte quelqu'un derrière le vélo mais c'est interdit en Chine. La police lui parle.

4. 把下列句子改成存现句 Changer les phrases suivante en phrases existencielles

例 Exemple　有两个人往这边走来了。　➡　前边来了两个人。

（1）有两个新同学来我们班了。

➡ _____

（2）一支铅笔、一个本子放在桌子上。

➡ _____

（3）两个中国朋友到我们宿舍来了。

➡ _____

（4）一辆汽车从那边开来了。

➡ _____

5. 听后复述　Écoutez et répétez

　　昨天是刘京的生日，我们去他家给他祝贺。他妈妈做的菜很好吃。我们喝酒、吃饭、唱歌、跳舞，高兴极了。大家劝（quàn, conseiller）大卫别喝酒。为什么呢？他是骑摩托车（mótuōchē, moto）去的。他要是喝酒，就太不安全了。

6. 语音练习　Exercices de phonétique

(1) 常用音节练习　Lisez les syllabes suivantes

(2) 朗读会话　Séance de lecture à voix haute

A: Bié jìnqu le.

B: Wèi shénme?

A: Tā yǒudiǎnr bù shūfu, shuì jiào le.

B: Nǐ zhīdào tā shì shénme bìng ma?

A: Gǎnmào.

B: Chī yào le ma?

A: Gāng chīguo.

bǐjiào
比较
Comparaison

28 今天比昨天冷
Aujourd'hui il fait plus froid qu'hier

一 句子 Phrases

197 今天比昨天冷。 Aujourd'hui il fait plus froid qu'hier.
Jīntiān bǐ zuótiān lěng.

198 这儿比东京冷多了。
Zhèr bǐ Dōngjīng lěngduō le.
Il fait beaucoup plus froid qu'à Tokyo ici.

199 有时候下雨。 Parfois il pleut.
Yǒu shíhou xià yǔ.

200 天气预报说，明天有大风。
Tiānqì yùbào shuō, míngtiān yǒu dà fēng.
La météo prévoit qu'il y aura beaucoup de vent demain.

201 明天比今天还冷呢。
Míngtiān bǐ jīntiān hái lěng ne.
Demain il fera plus froid qu'aujourd'hui.

202 你要多穿衣服。
Nǐ yào duō chuān yīfu.
Tu dois mettre beaucoup plus de vêtements.

203 那儿的天气跟这儿一样吗？
Nàr de tiānqì gēn zhèr yíyàng ma?
Est-ce que le temps là-bas est le même qu'ici?

204 气温在零下二十多度。
Qìwēn zài líng xià èrshí duō dù.
La température est de moins vingt degrés.

二 会 话 Conversations

1

刘京: 今天天气真冷。
Liú Jīng: Jīntiān tiānqì zhēn lěng.

和子: 是啊。今天比昨天冷,
Hézǐ: Shì a. Jīntiān bǐ zuótiān lěng,

温度比昨天低五度。
wēndù bǐ zuótiān dī wǔ dù.

刘京: 这儿的天气你习惯了吗?
Liú Jīng: Zhèr de tiānqì nǐ xíguàn le ma?

和子: 还不太习惯呢。这儿比东京冷多了。
Hézǐ: Hái bú tài xíguàn ne. Zhèr bǐ Dōngjīng lěngduō le.

刘京: 你们那儿冬天不太冷吧?
Liú Jīng: Nǐmen nàr dōngtiān bú tài lěng ba?

和子: 是的。
Hézǐ: Shì de.

刘京: 东京常下雪吗?
Liú Jīng: Dōngjīng cháng xià xuě ma?

和子: 很少下雪。有时候下雨。
Hézǐ: Hěn shǎo xià xuě. Yǒu shíhou xià yǔ.

28 今天比昨天冷 — Aujourd'hui il fait plus froid qu'hier

刘京：天气预报说，明天有大风，比今天还冷呢。
Liú Jīng: Tiānqì yùbào shuō, míngtiān yǒu dà fēng, bǐ jīntiān hái lěng ne.

和子：是吗？
Hézǐ: Shì ma?

刘京：你要多穿衣服，别感冒了。
Liú Jīng: Nǐ yào duō chuān yīfu, bié gǎnmào le.

2

玛丽：张老师，北京的夏天热吗？
Mǎlì: Zhāng lǎoshī, Běijīng de xiàtiān rè ma?

张老师：很热。你们那儿跟这儿一样吗？
Zhāng lǎoshī: Hěn rè. Nǐmen nàr gēn zhèr yíyàng ma?

玛丽：不一样，夏天不热，冬天很冷。
Mǎlì: Bù yíyàng, xiàtiān bú rè, dōngtiān hěn lěng.

张老师：有多冷？
Zhāng lǎoshī: Yǒu duō lěng?

玛丽：零下二十多度。
Mǎlì: Líng xià èrshí duō dù.

张老师：真冷啊！
Zhāng lǎoshī: Zhēn lěng a!

玛丽：可是我喜欢冬天。
Mǎlì: Kěshì wǒ xǐhuan dōngtiān.

张老师：为什么？
Zhāng lǎoshī: Wèi shénme?

玛丽：可以滑冰、滑雪。
Mǎlì: Kěyǐ huá bīng、huá xuě.

三 替换与扩展 Substitutions et Extensions

1. 替换 Substitutions

(1) 今天比昨天冷。

这儿	那儿	暖和
这本书	那本书	旧
他	我	瘦

(2) 这儿比东京冷多了。

这儿	那儿	凉快
这个练习	那个练习	难
这条路	那条路	远
这种咖啡	那种咖啡	好喝

(3) 明天比今天还冷呢。

那儿的东西	这儿	贵
那个颜色	这个	好看
那个孩子	这个	胖

2. 扩展 Extensions

(1) 欢迎你秋天来北京。那时候天气最好，不冷也不热。
Huānyíng nǐ qiūtiān lái Běijīng. Nà shíhou tiānqì zuì hǎo, bù lěng yě bú rè.

(2) 北京的春天常常刮风，不常下雨。
Běijīng de chūntiān chángcháng guā fēng, bù cháng xià yǔ.

28 今天比昨天冷　Aujourd'hui il fait plus froid qu'hier

四　生词　Nouveaux mots

1.	比	bǐ	介	comparaison
2.	有时候	yǒu shíhou		quelque fois
3.	下	xià	动	tomber
4.	雨	yǔ	名	pluie
5.	预报	yùbào	动/名	météo
6.	气温	qìwēn	名	température
7.	度	dù	量	mot de mesure pour la température
8.	温度	wēndù	名	température
9.	低	dī	形	bas
10.	冬天	dōngtiān	名	hiver
11.	雪	xuě	名	neige
12.	夏天	xiàtiān	名	été
13.	滑	huá	动	patiner, skier
14.	冰	bīng	名	glace
15.	暖和	nuǎnhuo	形	chaud
16.	旧	jiù	形	vieux; vieille
17.	瘦	shòu	形	maigre
18.	凉快	liángkuai	形	frais
19.	好喝	hǎo hē		délicieux (à boire)
20.	胖	pàng	形	gros

21.	秋天	qiūtiān	名	automne
22.	春天	chūntiān	名	printemps
23.	刮	guā	动	souffler

五 语法 Grammaire

1. 用"比"表示比较　Expression de comparaison utilisant la préposition 《比》

（1）介词"比"可以比较两个人或事物的性质、特点等。例如：

La préposition «比» peut comparer la nature, les caractéristiques, etc. de deux personnes ou deux choses. Par exemple:

① 他比我忙。　②他二十岁，我十九岁，他比我大。
③ 今天比昨天暖和。　④大卫唱歌唱得比我好。

（2）要表示大概的差别，可以用"一点儿""一些"表示程度相差不大，或用"多了""得多"表示程度相差很大。例如：

Pour représenter une différence approximative, utilisez «一点儿» ou «一些». Pour marquer une grande différence, utilisez «多了» ou «得多». Par exemple:

⑤ 他比我大一点儿（一些）。　⑥那儿比这儿冷多了。
⑦ 这个教室比那个教室大得多。　⑧她跳舞跳得比我好得多。

（3）用"比"的句子里不能再用"很""非常""太"等程度副词。例如，不能说"他比我很大""今天比昨天非常暖和"，等等。

Les adverbes tels que «很» «非常» «太» ne peuvent pas être utilisés en même temps avec «比». Par exemple: on ne peut pas dire «他比我很大» «今天比昨天非常暖和» etc..

28 今天比昨天冷　Aujourd'hui il fait plus froid qu'hier

2. 数量补语　Complément de quantité

　　在用"比"表示比较的形容词谓语中，如果要表示两个事物的具体差别，就在谓语后边加上数量短语作补语。例如：

Quand le prédicat d'une phrase contient l'adjectif et «比» de comparaison, on peut ajouter un numéral pour préciser les degrés de la différence. Ce numéral ajouté consiste à un complément de quantité. Par exemple：

> ① 今天的温度比昨天低五度。　　② 李红比我大两岁。
> ③ 他比我晚十分钟。

3. 用"多"表示概数　«多», indiquant un nombre approximatif

　　"多"用在数量词或数词后，表示比前面的数目略多。

　　«多» est utilisé un numéral ou un quantificateur, afin de marquer un excédent.

（1）以 1—9 结尾的数词及数词 10，"多"用在数量词后表示"不足 1"的概数。例如：

Pour les numéraux dont le dernier chiffre tombe entre 1-9 et le chiffre 10, l'excédent marqué par «多» est moins d'une unité. Par exemple：

> 两岁多（"多"不足一岁）　　　378米多长（"多"不足一米）
> 56块多（"多"不足一块钱）　　10个多月（"多"不足一个月）

（2）数词是以 0 结尾的，"多"用在数词后、量词前时，表示略大于前面数的概数（"多"表示 1 以上，10、100……以下，不够进位的整数）。例如：

Si les numéraux peuvent être divisés par dix, l'excédent marqué par «多» est moins de dix; Si les numéraux peuvent être divisés par cent, l'excédent marqué par «多» est moins de cent, ainsi de suite. Par exemple：

> 20多岁（"多"不足10岁）　　　580多人（"多"不足10人）
> 400多块钱（"多"不足100块钱）　10多斤重（"多"不足10斤）

六 练习 Exercices

1. 熟读下列短语并选择几个造句　Répétez plusieurs fois les locutions ci-dessous et en choisissez quelques-unes pour construire des phrases

| 上楼 | 上飞机 | 上课 | 楼上 | 桌子上 | 上星期 |
| 下楼 | 下飞机 | 下课 | 楼下 | 床下 | 下星期 |

2. 给下面的词语选择适当的位置　Placez les mots entre parenthèses au bon endroit

（1）今天很冷，你要 A 穿 B 衣服。（多）

（2）你 A 喝 B 点儿酒吧。（少）

（3）以后我们 A 联系 B。（多）

（4）老师问你呢，你 A 回答 B！（快）

3. 用"比"改写句子　Changez les phrases suivantes en utilisant «比»

例 Exemple 我有五本书，他有二十本书。

→ 他的书比我多。/我的书比他少。

（1）我二十四岁，他二十岁。

→ _____

（2）昨天气温二十七度，今天二十五度。

→ _____

（3）她的毛衣很好看，我的毛衣不好看。

→ _____

（4）小王常常感冒，小刘很少有病。

➡ _____

4. 完成对话 Complétez les conversations suivantes

A：你怎么又感冒了？

B：这儿的春天 _____。（比　冷）

A：_____?

B：二十多度。

A：_____。（比　暖和）

B：这儿早上和晚上冷，中午暖和，_____。

A：时间长了，你就习惯了。

5. 回答问题 Répondez aux questions suivantes

（1）今天三十四度，昨天三十度，今天比昨天高几度？

（2）张丽英家有五口人，王兰家只有三口人，张丽英家比王兰家多几口人？

（3）刘京二十三岁，王兰二十二岁，刘京比王兰大多了还是大一点儿？

（4）这个楼有四层，那个楼有十六层，那个楼比这个楼高多少层？

6. 听后复述 Écoutez et répétez

人们都说春天好，春天是一年的开始（kāishǐ, commencer）。要是有一个好的开始，这一年就会很顺利。一天也是一样，早上是一天的开始。要是从早上就注意怎么样生活、学习、工作,这一天就会过得很好。

　　让我们都爱（ài, aimer）春天、爱时间吧！要是不注意,以后会觉得遗憾的。

7. 语音练习　Exercices de phonétique

(1) 常用音节练习　Lisez les syllabes suivantes

(2) 朗读会话　Séance de lecture à voix haute

A: Jīnnián dōngtiān bù lěng.

B: Shì bǐ qùnián nuǎnhuo.

A: Dōngtiān tài nuǎnhuo bù hǎo.

B: Wèi shénme?

A: Róngyì yǒu bìng.

àihào
爱好
Loisirs

29 我也喜欢游泳
J'aime nager aussi

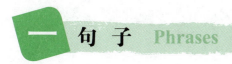
句子 Phrases

205　你喜欢什么运动？
　　Nǐ xǐhuan shénme yùndòng?
　　Quel sport aimes-tu?

206　爬山、滑冰、游泳，我都喜欢。
　　Pá shān、 huá bīng、 yóu yǒng, wǒ dōu xǐhuan.
　　Escalade, patinage, natation, j'aime tout.

207　你游泳游得好不好？
　　Nǐ yóu yǒng yóu de hǎo bu hǎo?
　　Tu sais bien nager ou pas?

208　我游得不好，没有你游得好。
　　Wǒ yóu de bù hǎo, méiyǒu nǐ yóu de hǎo.
　　Je nage pas bien, pas aussi bien que toi.

209　谁跟谁比赛？ Qui compète avec qui?
　　Shéi gēn shéi bǐsài?

210　北京队对广东队。
　　Běijīngduì duì Guǎngdōngduì.
　　L'équipe de Beijing contre l'équipe de Guangdong.

211　我在写毛笔字，没画画儿。
　　Wǒ zài xiě máobǐzì, méi huà huàr.
　　J'écris avec un pinceau, Je ne dessine pas.

Loisirs 83

212 | 我 想 休 息 一 会 儿。
Wǒ xiǎng xiūxi yíhuìr.
Je veux me reposer un instant.

二 会 话 Conversations

1

刘京： 你喜欢什么运动？
Liú Jīng: Nǐ xǐhuan shénme yùndòng?

大卫： 爬山、滑冰、游泳，我都喜欢，你呢？
Dàwèi: Pá shān、huá bīng、yóu yǒng, wǒ dōu xǐhuan, nǐ ne?

刘京： 我常常踢足球、打篮球，也喜欢
Liú Jīng: Wǒ chángcháng tī zúqiú、dǎ lánqiú, yě xǐhuan

游泳。
yóu yǒng.

大卫： 你游得好不好？
Dàwèi: Nǐ yóu de hǎo bu hǎo?

刘京： 我游得不好，没有你游得好。明天有
Liú Jīng: Wǒ yóu de bù hǎo, méiyǒu nǐ yóu de hǎo. Míngtiān yǒu

足球比赛，你看吗？
zúqiú bǐsài, nǐ kàn ma?

大卫： 谁跟谁比赛？
Dàwèi: Shéi gēn shéi bǐsài?

刘京： 北京队对广东队。
Liú Jīng: Běijīngduì duì Guǎngdōngduì.

大卫：那一定很有意思。我很想
Dàwèi: Nà yídìng hěn yǒu yìsi. Wǒ hěn xiǎng

看，票一定很难买吧？
kàn, piào yídìng hěn nán mǎi ba?

刘京：现在去买，可能买得到。
Liú Jīng: Xiànzài qù mǎi, kěnéng mǎi de dào.

2

玛丽：你在画画儿吗？
Mǎlì: Nǐ zài huà huàr ma?

大卫：在写毛笔字，没画画儿。
Dàwèi: Zài xiě máobǐzì, méi huà huàr.

玛丽：你写得真不错！
Mǎlì: Nǐ xiě de zhēn búcuò!

大卫：练了两个星期了。我没有和子写得好。
Dàwèi: Liànle liǎng ge xīngqī le. Wǒ méiyǒu Hézǐ xiě de hǎo.

玛丽：我也很喜欢写毛笔字，可是一点儿也不会。
Mǎlì: Wǒ yě hěn xǐhuan xiě máobǐzì, kěshì yìdiǎnr yě bú huì.

大卫：没关系，你想学，王老师可以教你。
Dàwèi: Méi guānxi, nǐ xiǎng xué, Wáng lǎoshī kěyǐ jiāo nǐ.

玛丽：那太好了！
Mǎlì: Nà tài hǎo le!

大卫：写累了，我想休息一会儿。
Dàwèi: Xiělèi le, wǒ xiǎng xiūxi yíhuìr.

玛丽：走，出去散散步吧。
Mǎlì: Zǒu, chūqu sànsan bù ba.

Loisirs 85

三 替换与扩展 Substitutions et Extensions

1. 替换 Substitutions

(1) 你<u>游泳</u>游得<u>好</u>不<u>好</u>？

跑步	跑	快
打网球	打	好
滑雪	滑	好
回答问题	回答	对

(2) <u>票</u>一定很难<u>买</u>吧？

毛笔字	写
广东话	懂
中国画儿	画
汉语	学

(3) 我想<u>休息</u>一会儿。

坐	睡	站	躺

2. 扩展 Extensions

(1) 放 假 的 时 候，他 常 去 旅 行。
　　Fàng jià de shíhou, tā cháng qù lǚxíng.

(2) 他 每 天 早 上 打 太 极 拳，晚 饭 后 散 步。
　　Tā měi tiān zǎoshang dǎ tàijíquán, wǎnfàn hòu sàn bù.

(3) 糟 糕，我 的 钥 匙 丢 了。
　　Zāogāo, wǒ de yàoshi diū le.

29 我也喜欢游泳 J'aime nager aussi

四 生词 Nouveaux mots

1.	运动	yùndòng	名/动	sport; faire du sport
2.	爬	pá	动	grimper; escalader
3.	山	shān	名	montagne
4.	游泳	yóu yǒng		natation; nager
5.	游	yóu	动	nager
6.	比赛	bǐsài	动/名	concourir; concours; compétition
7.	队	duì	名	équipe
8.	毛笔	máobǐ	名	pinceau
9.	踢	tī	动	donner un coups de pied; jouer (football)
10.	足球	zúqiú	名	football
11.	篮球	lánqiú	名	basketball
12.	练	liàn	动	pratiquer
13.	教	jiāo	动	enseigner
14.	散步	sàn bù		faire une promenade
15.	跑步	pǎo bù		courir
16.	回答	huídá	动	répondre
17.	话	huà	名	discours
18.	站	zhàn	动	se lever
19.	躺	tǎng	动	s'allonger
20.	放假	fàng jià		être en vacances

Loisirs 87

21.	旅行	lǚxíng	动	voyager
22.	太极拳	tàijíquán	名	*taijiquan*
23.	钥匙	yàoshi	名	clé
24.	丢	diū	动	perdre

专名 Nom propre

| 广东 | Guǎngdōng | Guangdong (une province de Chine) |

五 语法 Grammaire

1. 用"有"或"没有"表示比较   Expression de comparaison avec «有» et «没有»

动词"有"或其否定式"没有"可用于比较，表示达到或未达到某种程度，这种比较常用于疑问句和否定式。例如：

Le «有» ou sa forme négative «没有» peuvent être utilisés à des fins de comparaison pour indiquer un certain degré de réussite ou de non-réalisation. Cette structure est plus fréquente dans les phrases interrogatives et négatives. Par exemple:

① 你有他高吗？

② 那棵（kē, *particule de mesure*）树有五层楼那么高。

③ 广州没有北京冷。

④ 我没有你游得好。

2. 用"吧"的疑问句　Phrase interrogative avec le mot《吧》

如对某事有了一定的估计，但还不能肯定，就用语气助词"吧"提问。例如：
Le ton modal «吧» ajouté à la fin de la phrase interrogative indique une conjecture ou une hypothèse. Par exemple:

> ① 你最近很忙吧？　　② 票一定很难买吧？
> ③ 你很喜欢打球吧？

3. 时量补语（1）　Complément de temps (1)

时量补语用来说明一个动作或一种状态持续多长时间。例如：
Un complément de temps est utilisé pour indiquer la durée d'une action ou d'un état. Par exemple:

> ① 我练了两个星期了。　　② 我们休息了十分钟。
> ③ 火车开走一刻钟了。　　④ 玛丽病了两天，没来上课。

六 练习 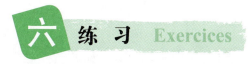 Exercices

1. 给下面的词语配上适当的动词，组成动宾短语，并选择几个造句
Combinez les mots suivants avec des verbes appropriés pour construire des locutions verbe-complément d'objet, puis formez des phrases avec certaines d'entre elles

| 足球 | 飞机 | 事故 | 礼物 | 问题 | 酒 |
| 汽车 | 电话 | 网球 | 生词 | 饭 | 歌 |

Loisirs

2. 把下面用"比"的句子改成用"没有"的否定句 Reformulez les phrases en remplaçant «比» par «没有»

（1）他滑冰比我滑得好。 ➡ _____

（2）王兰爬山比张老师爬得快。 ➡ _____

（3）他的手机比我的好。 ➡ _____

（4）这张照片比那张漂亮。 ➡ _____

3. 给下面的词语选择适当的位置 Placez les mots entre parenthèses au bon endroit

（1）我累极了，A 想 B 休息 C。（一会儿）

（2）他 A 在北京 B 住 C 了 D 了。（十年）

（3）他的宿舍离教室很近，A 走 B 就到了 C。（一刻钟）

（4）他 A 迟到 B 了 C。（十分钟）

4. 完成对话 Complétez les conversations suivantes

（1）A：_____？

　　B：我喜欢打篮球，_____？

　　A：我不喜欢打篮球。

　　B：_____？

　　A：我喜欢爬山。

（2）A：_____？

　　B：我不喝酒。

29 我也喜欢游泳　J'aime nager aussi

A: _____？少喝一点儿没关系。

B: 我开车，喝酒不安全。

(3) A: 你喜欢吃什么饭菜？喜欢不喜欢做饭？

B: _____，_____。

(4) A: 休息的时候你喜欢做什么？

B: _____。

(5) A: 你喜欢喝什么？为什么？

B: _____。

5. 听后复述　Écoutez et répétez

汉斯（Hànsī, Hans）有很多爱好（àihào, passe-temps）。他喜欢运动，冬天滑冰，夏天游泳。到中国以后，他还学会了打太极拳。他画的画儿也不错。他房间里的那张画儿就是他自己画的。可是他也有一个不好的"爱好"，那就是抽烟。现在他身体不太好，要是不抽烟，他的身体一定比现在好。

6. 语音练习　Exercices de phonétique

(1) 常用音节练习　Lisez les syllabes suivantes

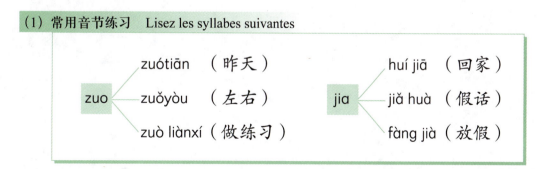

(2) 朗读会话　Séance de lecture à voix haute

A: Nǐ xǐhuan shénme?

B: Wǒ xǐhuan dòngwù.

A: Wǒ yě xǐhuan dòngwù.

B: Shì ma? Nǐ xǐhuan shénme dòngwù?

A: Wǒ xǐhuan xiǎo gǒu, nǐ ne?

B: Wǒ xǐhuan dàxióngmāo.

yǔyán
语言
Langue

30 请你慢点儿说
Parle lentement s'il te plaît

一 句子 Phrases

213
我的发音还差得远呢。
Wǒ de fāyīn hái chà de yuǎn ne.
J'ai une mauvaise prononciation.

214
你学汉语学了多长时间了？
Nǐ xué Hànyǔ xuéle duō cháng shíjiān le?
Depuis combien de temps étudies-tu le chinois?

215
你能看懂中文小说吗？
Nǐ néng kàndǒng Zhōngwén xiǎoshuō ma?
Est-ce que tu peux comprendre les romans chinois?

216
听和说比较难，看比较容易。
Tīng hé shuō bǐjiào nán, kàn bǐjiào róngyì.
La compréhension et la production orales sont difficiles mais la compréhension écrite est relativement facile.

217
慢点儿说，我听得懂。
Màn diǎnr shuō, wǒ tīng de dǒng.
Parle lentement, je peux comprendre.

218
你忙什么呢？ Qu'est-ce que tu fais?
Nǐ máng shénme ne?

219 | 我父亲来了，我要陪他去旅行。
Wǒ fùqin lái le, wǒ yào péi tā qù lǚxíng.
Mon père est venu, je vais voyager avec lui.

220 | 除了广州、上海以外，我们还要去香港。
Chúle Guǎngzhōu、Shànghǎi yǐwài, wǒmen hái yào qù Xiānggǎng.
En plus de Guangdong et Shanghai, nous irons aussi à Hongkong.

二 会话 Conversations

1

李红：你汉语说得不错，发音很清楚。
Lǐ Hóng: Nǐ Hànyǔ shuō de búcuò, fāyīn hěn qīngchu.

大卫：哪儿啊，还差得远呢。
Dàwèi: Nǎr a, hái chà de yuǎn ne.

李红：你学汉语学了多长时间了？
Lǐ Hóng: Nǐ xué Hànyǔ xuéle duō cháng shíjiān le?

大卫：学了半年了。
Dàwèi: Xuéle bàn nián le.

李红：你能看懂中文小说吗？
Lǐ Hóng: Nǐ néng kàndǒng Zhōngwén xiǎoshuō ma?

大卫：不能。
Dàwèi: Bù néng.

李红：你觉得汉语难不难？
Lǐ Hóng: Nǐ juéde Hànyǔ nán bu nán?

30 请你慢点儿说   Parle lentement s'il te plaît

大卫： 听和说比较难，看比较容易，可以查词典。
Dàwèi: Tīng hé shuō bǐjiào nán, kàn bǐjiào róngyì, kěyǐ chá cídiǎn.

李红： 我说的话，你能听懂吗？
Lǐ Hóng: Wǒ shuō de huà, nǐ néng tīngdǒng ma?

大卫： 慢点儿说，我听得懂。
Dàwèi: Màn diǎnr shuō, wǒ tīng de dǒng.

李红： 你应该多跟中国人谈话。
Lǐ Hóng: Nǐ yīnggāi duō gēn Zhōngguórén tán huà.

大卫： 对，这样可以提高听和说的能力。
Dàwèi: Duì, zhèyàng kěyǐ tígāo tīng hé shuō de nénglì.

2

王兰： 你忙什么呢？
Wáng Lán: Nǐ máng shénme ne?

和子： 我在收拾东西呢。我父亲来了，我要陪他去旅行。
Hézǐ: Wǒ zài shōushi dōngxi ne. Wǒ fùqin lái le, wǒ yào péi tā qù lǚxíng.

王兰： 去哪儿啊？
Wáng Lán: Qù nǎr a?

和子： 除了广州、上海以外，我们还要去香港。我得给他当导游。
Hézǐ: Chúle Guǎngzhōu、Shànghǎi yǐwài, wǒmen hái yào qù Xiānggǎng. Wǒ děi gěi tā dāng dǎoyóu.

王兰：那你父亲一定很高兴。
Wáng Lán: Nà nǐ fùqin yídìng hěn gāoxìng.

和子：麻烦的是广东话、上海话我都听不懂。
Hézǐ: Máfan de shì Guǎngdōnghuà、Shànghǎihuà wǒ dōu tīng bu dǒng.

王兰：没关系，商店、饭店都说普通话。
Wáng Lán: Méi guānxi, shāngdiàn、fàndiàn dōu shuō pǔtōnghuà.

和子：他们能听懂我说的话吗？
Hézǐ: Tāmen néng tīngdǒng wǒ shuō de huà ma?

王兰：没问题。
Wáng Lán: Méi wèntí.

和子：那我就放心了。
Hézǐ: Nà wǒ jiù fàng xīn le.

三 替换与扩展 Substitutions et Extensions

1. 替换 Substitutions

（1）现在你能看懂中文小说吗？

下午	布置好	教室
后天	修好	手机
晚上	做完	翻译练习

30 请你慢点儿说 — Parle lentement s'il te plaît

（2）A：你学汉语学了多长时间了？
B：学了半年了。

看比赛	看	一个小时
翻译句子	翻译	一个半小时
听音乐	听	二十分钟
打字	打	半个小时

（3）除了广州、上海以外，我们还要去香港。

饺子	包子	吃菜
京剧	话剧	看杂技
洗衣机	电视	买冰箱

2. 扩展 Extensions

（1）汉语 的发音不太难，语法也比较容易。
Hànyǔ de fāyīn bú tài nán, yǔfǎ yě bǐjiào róngyì.

（2）我 预习了一个小时 生词，现在 这 些 生词
Wǒ yùxíle yí ge xiǎoshí shēngcí, xiànzài zhèxiē shēngcí
都 记住 了。
dōu jìzhù le.

四 生 词 Nouveaux mots

1.	发音	fāyīn	名	prononciation
2.	比较	bǐjiào	副	comparaison
3.	父亲	fùqin	名	père
4.	除了……以外	chúle……yǐwài		en plus de
5.	清楚	qīngchu	形	clair

6.	查	chá	动	vérifier
7.	谈	tán	动	discuter
8.	提高	tígāo	动	augmenter
9.	能力	nénglì	名	capacité
10.	收拾	shōushi	动	ranger
11.	当	dāng	动	servir comme
12.	导游	dǎoyóu	名	guide touriste
13.	普通话	pǔtōnghuà	名	langue commune (mandarin)
14.	放心	fàng xīn		rassurer quelqu'un
15.	小时	xiǎoshí	名	heure
16.	打字	dǎ zì		faire une saisie (sur machine à écrire ou ordinateur)
17.	包子	bāozi	名	baozi
18.	话剧	huàjù	名	théâtre
19.	洗衣机	xǐyījī	名	machine à laver
20.	冰箱	bīngxiāng	名	réfrigérateur
21.	语法	yǔfǎ	名	grammaire
22.	预习	yùxí	动	préparer
23.	记	jì	动	mémoriser

专名 Noms propres

1.	广州	Guǎngzhōu	Guangzhou
2.	香港	Xiānggǎng	Hong Kong

五 语法　Grammaire

1. 时量补语（2）　Complément de temps (2)

（1）动词后有时量补语又有宾语时，一般要重复动词，时量补语在第二个动词之后。例如：

Quand le verbe est suivi d'un complément de temps et d'un complément d'objet, on répète en général le verbe et place le complément de temps après le deuxième verbe répété. Par exemple :

① 他昨天等你等了一个小时。　② 他们开会开了半个小时。
③ 他念生词念了一刻钟。　　　④ 他学法语学了两年了。

（2）如果宾语是人称代词，宾语一般放在时量补语的前边。如果宾语不是人称代词，宾语放在时量补语的后边，宾语和时量补语之间也可以加"的"。例如：

Si le complément d'objet est un pronom personnel, le complément d'objet est généralement placé devant le complément de temps. Si le complément d'objet n'est pas un pronom personnel, le complément d'objet est placé à l'arrière du complément de temps, et un «的» peut être ajouté entre le complément d'objet et le complément du temps. Par exemple :

⑤ 他昨天等了你一个小时。　　⑥ 他们开了半个小时（的）会。
⑦ 他念了一刻钟（的）生词。　⑧ 他学了两年（的）法语。

（3）如果宾语较复杂或需要强调，也常把宾语提前。例如：

Si le complément d'objet est complexe ou doit être souligné, il est souvent avancé au début de la phrase. Par exemple :

⑨ 那件漂亮的毛衣他试了半天。
⑩ 那本小说他看了两个星期。

2. 除了……以外 Expression 《除了……以外》

（1）表示在什么之外，还有别的。后边常有"还""也"等呼应。例如：
Cette expression signifie qu'il y a quelque chose d'autre et elle est souvent suivie par 《还》《也》. Par exemple:

① 和子和她父亲除了去上海以外，还去广州、香港。

② 除了小王以外，小张、小李也会说法语。

（2）表示所说的人或事不包括在内。后边常有"都"呼应。例如：
Elle exprime l'exclusion de la personne ou de l'événement mentionné précédemment. Dans ce cas, elle est suivie par 《都》. Par exemple:

③ 这件事除了老张以外，我们都不知道。

④ 除了大卫以外，我们都去过长城了。

六 练习 Exercices

1. 熟读下列短语并选择几个造句 Répétez plusieurs fois les locutions ci-dessous et en choisissez quelques-unes pour construire des phrases

参观了一小时	比赛了一（个）下午
修了一会儿	疼了两天
翻译了三天	旅行了一个星期
想了几分钟	收拾了半个小时

2. 用所给词语造句 Formez une phrase avec les mots ou donnés

例 Exemple 开会　一个半小时 ➡ 我们开会开了一个半小时。

（1）听音乐　二十分钟　➡ _____

（2）跳舞　　半个小时　　→ _____

（3）坐火车　七个小时　　→ _____

（4）找钥匙　好几分钟　　→ _____

3. 仿照例子改写句子　Réécrivez les phrases en suivant l'exemple

例 Exemple　我喜欢小狗，还喜欢大熊猫。

→ 除了小狗以外，我还喜欢大熊猫。

（1）我每天都散步，还打太极拳。

→ _____

（2）他会说法语，还会说汉语。

→ _____

（3）在北京，他去过长城，没去过别的地方。

→ _____

（4）我们班大卫会划船，别的人不会划船。

→ _____

4. 按照实际情况回答问题　Répondre aux questions suivantes

（1）你什么时候来北京的？来北京多长时间了？

（2）来中国以前你学过汉语吗？学了多长时间？

（3）每星期你们上几天课？

（4）你每天运动吗？做什么运动？运动多长时间？

（5）每天你几点睡觉？几点起床？大概睡多长时间？

5. 完成对话　Complétez les conversations suivantes

A：昨天的电影你看了吗？

B：_____。

A：_____？

B：听不懂，说得太快。

A：我也是。_____。（要是　能）

B：我们还要多练习听和说。

6. 听后复述　Écoutez et répétez

　　有一个小孩儿学认（rèn, reconnaître）字。老师在他的本子上写了一个"人"字，他学会了。第二天，老师见到他，在地上写了个"人"字，写得很大，他不认识了。老师说："这不是'人'字吗？你怎么忘了？"他说："这个人比昨天那个人大多了，我不认识他。"

7. 语音练习　Exercices de phonétique

（1）常用音节练习　Lisez les syllabes suivantes

30 请你慢点儿说　Parle lentement s'il te plaît

（2）**朗读会话**　Séance de lecture à voix haute

> A: Nā ná nǎ nà.
>
> B: Nǐ liànxí fā yīn ne?
>
> A: Shì a, wǒ juéde fā yīn yǒudiǎnr nán.
>
> B: Nǐ fā yīn hěn qīngchu.
>
> A: Hái chà de yuǎn ne.
>
> B: Yàoshi nǐ měi tiān liànxí, jiù néng xué de hěn hǎo.

复习（六）
Révisions (Ⅵ)

一 会话 Conversations

1

〔阿里（Ālǐ, Ali）、小王和小李都很喜欢旅行，他们约好今天去天津（Tiānjīn, Tianjin）玩儿。现在阿里和小王在火车站等小李〕

阿里：小李怎么还不来？

小王：他是不是忘了？

阿里：不会的。昨天我给他打电话，说得很清楚，告诉他十点五十开车，今天我们在这儿等他。

小王：可能病了吧？

阿里：也可能有什么事，不能来了。

小王：火车马上开了，我们也不去了，回家吧。

阿里：去看看小李，问问他怎么回事（zěnme huí shì, qu'est-ce qui s'est passé）。

2

〔小李正在宿舍睡觉，阿里和小王进来〕

阿里：小李，醒（xǐng, réveiller）醒。

小王：我说得不错吧，他真病了。

小李：谁病了？我没病。

阿里：那你怎么没去火车站呀（ya, particule modale）？

小李：怎么没去呀？今天早上四点我就起床了，到火车站的时候才四点半。等了你们半天，你们也不来，我就回来了。我又累又困（kùn, somnolent; avoir sommeil），就睡了。

小王：我们的票是十点五十的，你那么早去做什么？

小李：什么？十点五十？阿里电话里说四点五十。

小王：我知道了，阿里说"十"和"四"差不多（chà bu duō, presque pareil）。

小李：啊！我听错（cuò, faux）了。

阿里：真对不起，我发音不好，让你白跑一趟（bái pǎo yí tàng, venir pour rien）。

小李：没什么，我们都白跑了一趟。

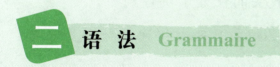

二 语法 Grammaire

几种表示比较的方法　Quelques façons d'exprimer la comparaison

1. 用副词"更""最"表示比较　Avec《更》et《最》

① 他汉语说得很好，他哥哥说得更好。

② 这次考试他的成绩最好。

2. 用"有"表示比较　　Avec «有»

① 你弟弟有你这么高吗？

② 这种苹果没有那种好吃。

③ 我没有他唱得好。/ 我唱得没有他好。/
我唱歌唱得没有他好。

3. 用"跟……一样"表示比较　　Avec «跟……一样»

① 今天的天气跟昨天一样。

② 我买的毛衣跟你的一样贵。

以上三种方法都能表示差别，但不能表示具体的差别。

Ces méthodes sont utilisées pour exprimer des différences ou des similitudes, mais elles ne peuvent pas indiquer le degré de la défférence.

4. 用"比"表示比较　　Avec «比»

① 今天比昨天热。

② 我的自行车比他的新一点儿。

③ 他买的杯子（bēizi, verre）比我买的便宜十块钱。

④ 他打篮球比我打得好得多。/ 他打篮球打得比我好得多。

用"比"来进行比较，不仅能指出有差别，而且还能表示出有多大差别。

«比» peut indiquer le degré de la différence.

复习（六） Révisions (VI)

三 练习　Exercices

1. 按照实际情况回答问题　Répondre aux questions suivantes

（1）你有什么爱好？你最喜欢做什么？

（2）你学过什么外语？你觉得难不难？

（3）你在中国旅行过吗？除了普通话以外，哪儿的话容易懂？哪儿的话不容易懂？

（4）你们国家的天气跟中国一样不一样？你习惯不习惯？

（5）一年中你喜欢春天、夏天，还是喜欢秋天、冬天？为什么？

2. 会话　Conversations

（1）祝贺、祝愿（生日、结婚、节日、毕业）Félicitations et vœux (anniversaires, mariages, festivals, fin des études)

> 祝你……好（愉快、幸福）！　　谢谢！
> 祝贺你（了）！　　　　　　　　谢谢你！
> 我们给你祝贺生日来了！　　　　谢谢大家！
> 祝你学习（工作）顺利！　　　　多谢朋友们！

（2）劝告（别喝酒、别急、别不好意思）Conseils (ne buvez pas, ne vous inquiétez pas, ne soyez pas timide)

> 你开车，别喝酒。　　　　别急，你的病会好的。
> 他刚睡，别说话。　　　　学汉语要多说，别不好意思。

（3）爱好（运动、音乐、美术……）Passe-temps (sport, musique, beaux-arts...)

> 你喜欢什么？
> 你喜欢做什么？
> 你最喜欢什么？

3. 完成对话　Complétez les conversations suivantes

A：你学了多长时间汉语了？

B：_____。

A：你觉得听和说哪个难？

B：_____。

A：写呢？

B：_____。

A：现在你能看懂中文小说吗？

B：_____。

4. 语音练习　Exercices de phonétique

（1）声调练习：第三声+第四声　Lisez les mots suivants: 3ᵉ ton + 4ᵉ ton

　　kǒushì　　（口试）

　　wǒ qù kǒushì　　（我去口试）

　　wǔ hào wǒ qù kǒushì　　（五号我去口试）

（2）朗读会话　Séance de lecture à voix haute

A: Nǐ zhīdào ma? Shànghǎihuà li bù shuō "wǒmen", shuō "ālā".

B: Ò, yǒu yìsi, hé pǔtōnghuà zhēn bù yíyàng.

A: Hěn duō fāngyán wǒ yě tīng bu dǒng.

B: Suǒyǐ dōu yào xué pǔtōnghuà, shì ba?

A: Nǐ shuō de hěn duì.

四 阅读短文 Lisez le texte

　　小张吃了晚饭回到宿舍，刚要打开电视机，就听见楼下有人叫他。他打开窗户往下看，是小刘。

　　小刘给他一张电影票，让他星期天八点一起去看电影。他们说好在电影院门口见面。

　　星期天到了。小张先去看了一位朋友，下午去商店买了一些东西。七点四十到电影院。他没看见小刘，就在门口等。

　　差五分八点，电影就要开始了，可是小刘还没来。小张想，小刘可能有事不来了，就一个人进电影院去了。电影院的人对小张说："八点没有电影，是不是你弄错（nòngcuò, faire des erreurs）了？"小张一看电影票，那上面写的是上午八点。小张想，我太马虎了，要是看看票，或者（huòzhě, ou）问问小刘就好了。

旅游（1）
lǚyóu
Voyage (1)

31 那儿的风景美极了
Le paysage là-bas est très beau

一 句子 Phrases

221 中国的名胜古迹多得很。
Zhōngguó de míngshèng gǔjì duō de hěn.
Il y a beaucoup d'endroits pittoresques et de sites historiques en Chine.

222 你说吧，我听你的。①
Nǐ shuō ba, wǒ tīng nǐ de.
Dis-moi ce qu'on va faire. Je te suis.

223 从北京到桂林坐火车要坐多长时间？
Cóng Běijīng dào Guìlín zuò huǒchē yào zuò duō cháng shíjiān?
Combien de temps faut-il pour arriver à Guilin en train depuis Beijing?

224 七点有电影，现在去来得及来不及？
Qī diǎn yǒu diànyǐng, xiànzài qù láidejí láibují?
Il y a un film à 19 h, est-il trop tard pour y aller?

225 我们看电影去吧。
Wǒmen kàn diànyǐng qu ba.
Allons au cinéma.

31 那儿的风景美极了　Le paysage là-bas est très beau

226 上海的东西比这儿多得多。
Shànghǎi de dōngxi bǐ zhèr duō de duō.
Il y a beaucoup plus de choses à Shanghai qu'ici.

227 我想买些礼物寄回家去。
Wǒ xiǎng mǎi xiē lǐwù jì huí jiā qu.
Je veux acheter des cadeaux et les envoyer chez moi.

228 你不是要去豫园游览吗？
Nǐ bú shì yào qù Yù Yuán yóulǎn ma?
Tu veux visiter Yuyuan, n'est-ce pas?

二 会话　Conversations

1

大卫： 快 放假 了， 你 想 不 想 去 旅行？
Dàwèi: Kuài fàng jià le, nǐ xiǎng bu xiǎng qù lǚxíng?

玛丽： 当 然 想。
Mǎlì: Dāngrán xiǎng.

大卫： 中 国 的 名胜 古迹 多
Dàwèi: Zhōngguó de míngshèng gǔjì duō

得 很， 去 哪儿 呢？
de hěn, qù nǎr ne?

玛丽： 你 说 吧， 我 听 你 的。
Mǎlì: Nǐ shuō ba, wǒ tīng nǐ de.

大卫： 先 去 桂林 吧， 那儿 的 风景 美 极 了！
Dàwèi: Xiān qù Guìlín ba, nàr de fēngjǐng měijí le!

玛丽：从 北京 到桂林坐 火车要 坐多长 时间？
Mǎlì: Cóng Běijīng dào Guìlín zuò huǒchē yào zuò duō cháng shíjiān?

大卫：坐高铁大概得十多个小时。我们在桂林
Dàwèi: Zuò gāotiě dàgài děi shí duō ge xiǎoshí. Wǒmen zài Guìlín

玩儿三四天，然后去上海。
wánr sān-sì tiān, ránhòu qù Shànghǎi.

玛丽：这个计划 不错，就这么办吧。七点有
Mǎlì: Zhège jìhuà búcuò, jiù zhème bàn ba. Qī diǎn yǒu

电影，现在去来得及来不及？
diànyǐng, xiànzài qù láidejí láibují?

大卫：来得及。
Dàwèi: Láidejí.

玛丽：我们看电影去吧。
Mǎlì: Wǒmen kàn diànyǐng qu ba.

大卫：走吧。
Dàwèi: Zǒu ba.

2

和子：上海是中国最大的城市。
Hézǐ: Shànghǎi shì Zhōngguó zuì dà de chéngshì.

王兰：对，上海的东西比这儿多得多。
Wáng Lán: Duì, Shànghǎi de dōngxi bǐ zhèr duō de duō.

和子：去上海的时候，我想买些礼物寄回家
Hézǐ: Qù Shànghǎi de shíhou, wǒ xiǎng mǎi xiē lǐwù jì huí jiā

去。你觉得上海哪儿最热闹？
qu. Nǐ juéde Shànghǎi nǎr zuì rènao?

31 那儿的风景美极了 | Le paysage là-bas est très beau

王兰: 南京路。那儿有各种各样的商店,
Wáng Lán: Nánjīng Lù. Nàr yǒu gè zhǒng gè yàng de shāngdiàn,

买东西非常方便。
mǎi dōngxi fēicháng fāngbiàn.

和子: 听说上海的小吃也
Hézǐ: Tīngshuō Shànghǎi de xiǎochī yě

很有名。
hěn yǒumíng.

王兰: 你不是要去豫园游览吗?顺便可以
Wáng Lán: Nǐ bú shì yào qù Yù Yuán yóulǎn ma? Shùnbiàn kěyǐ

尝尝那儿的小吃。对了②,你还可以
chángchang nàr de xiǎochī. Duìle, nǐ hái kěyǐ

去参观一下儿浦东开发区。
qù cānguān yíxiàr Pǔdōng Kāifāqū.

注释 Remarques

❶ 你说吧,我听你的。 Dis-moi ce qu'on va faire. Je te suis.

这句话的意思是"你说你的意见吧,我按你说的去做"。当无条件地同意对方的意见时,就可以这样说。

Ça veut dire: "Je vais suivre ton conseil." Il est utilisé lorsqu'on est entièrement d'accord avec son interlocuteur.

❷ 对了 Oh, oui c'est vrai…

在口语中,当说话人忽然想起应该做某事或要补充说明某事时,就说"对了"。

Dans la conversation quotidienne, quand on pense soudainement à faire ou à préciser quelque chose, on dit «对了».

三 替换与扩展 Substitutions et Extensions

1. 替换 Substitutions

(1) 我们<u>看电影</u>去。 ▶◀

开会	参观博物馆
听音乐	看京剧
吃小吃	办信用卡

(2) <u>坐火车</u>要<u>坐</u>多长时间？ ▶◀

坐船	坐
坐飞机	坐
坐动车	坐
骑车	骑

(3) 我想买些<u>礼物</u><u>寄</u>回家去。 ▶◀

菜	送
药	寄
水果	带
小吃	拿

2. 扩展 Extensions

A：我 的 圆珠笔 找 不 到 了。
　　Wǒ de yuánzhūbǐ zhǎo bu dào le.

B：那 不 是 你 的 圆珠笔 吗？
　　Nà bú shì nǐ de yuánzhūbǐ ma?

A：啊，找 到 了。
　　À, zhǎodào le.

31 那儿的风景美极了   Le paysage là-bas est très beau

四 生词 Nouveaux mots

1.	名胜古迹	míngshèng gǔjì		endroits pittoresques et sites historiques
2.	来得及	láidejí	动	être capable de faire quelque chose à temps
3.	来不及	láibují	动	ne pas être capable de faire quelque chose à temps
4.	游览	yóulǎn	动	faire une excursion
5.	风景	fēngjǐng	名	paysage
6.	高铁	gāotiě	名	TGV
7.	然后	ránhòu	连	après
8.	计划	jìhuà	名/动	plan; planifier
9.	办	bàn	动	faire
10.	城市	chéngshì	名	ville
11.	热闹	rènao	形	animé; joyeux
12.	各	gè	代	chaque
13.	非常	fēicháng	副	très
14.	小吃	xiǎochī	名	apéritif; rafraîchissements
15.	有名	yǒumíng	形	célèbre
16.	顺便	shùnbiàn	副	au fait…
17.	开发	kāifā	动	développer
18.	区	qū	名	zone; district
19.	博物馆	bówùguǎn	名	musée
20.	信用卡	xìnyòngkǎ	名	carte de crédit

21.	动车	dòngchē	名	locomotive électrique
22.	水果	shuǐguǒ	名	fruit
23.	圆珠笔	yuánzhūbǐ	名	stylo à bille

专名　Noms propres

1.	桂林	Guìlín	Guilin (province en Chine)
2.	豫园	Yù Yuán	Yuyuan (parc)
3.	南京路	Nánjīng Lù	Rue Nanjing
4.	浦东	Pǔdōng	Pudong (un district de Shanghai)

五 语法 Grammaire

1. 趋向补语（3） Complément de direction (3)

（1）动词"上""下""进""出""回""过""起"等后面加上"来"或"去"（没有"起去"），可作其他动词的补语，表示动作的方向。这种趋向补语叫复合趋向补语。例如：

Lorsque les verbes «上» «下» «进» «出» «回» «过» ou «起» sont suivis de «来» ou «去» («起去» n'est pas acceptable), ils peuvent servir de complément d'un autre verbe pour indiquer la direction de l'action. Ce complément directionnel est appelé complément de direction complexe. Par exemple:

① 他从教室走出来了。

② 他想买些东西寄回去。

③ 看见老师进来，同学们都站了起来。

（2）复合趋向补语中的"来""去"所表示的方向与说话人（或所谈论的事物）之间的关系与简单趋向补语相同，表示处所的宾语的位置也与简单趋向补语相同。例如：

Le complément de direction complexe (avec «来» «去») et le complément de direction simple indiquent la même direction par rapport au locuteur (l'objet en question). Dans les deux cas, le complément d'objet indiquant le lieu ont la même place, c'es-à-dire entre le verbe et le complément. Par exemple :

④ 上课了，老师走进教室来了。
⑤ 那些书都寄回国去了。

2. 用"不是……吗"的反问句 La question rhétorique avec «不是……吗»

"不是……吗"构成的反问句用来表示肯定，并有强调的意思。例如：

Les questions rhétoriques avec «不是……吗» sont utilisées pour exprimer l'affirmation avec insistance. Par exemple :

① 你不是要去旅行吗？（你要去旅行）
② 这个房间不是很干净吗？（这个房间很干净）

六 练习 Exercices

1. 选择适当的动词组成动宾结构并造句 Sélectionnez le verbe approprié et construisez une locution verbe-complément d'objet, puis formez une phrase

例 Exemple 字　　A. 写　　B. 画　➡ 那个孩子正在写字。

（1）名胜古迹　A. 游览　B. 旅行 ➡ _____
（2）风景　　　A. 参观　B. 看　 ➡ _____
（3）信用卡　　A. 做　　B. 办　 ➡ _____

（4）能力　　　A. 提高　B. 练好 ➡ _____

（5）电影　　　A. 演　　B. 开 ➡ _____

（6）自行车　　A. 坐　　B. 骑 ➡ _____

2. 根据图片，用动词及趋向补语完成句子　Complétez les phrases suivantes avec les verbes entre parenthèses et les compléments de direction

（1）注意，前边 _____ 一辆汽车。（开）

（2）楼下有人找你，你快 _____ 吧。（下）

（3）下课了，我们的老师 _____ 了。（走）

（4）山上的风景很好，你们快 _____ 吧。（爬）

3. 仿照例子，把下面的句子改成疑问句 Remplacez les phrases suivantes par des phrases interrogatives, en suivant l'exemple

例 Exemple　昨天我们跳舞跳了两个小时。

→ 昨天你们跳舞跳了几个小时？

昨天你们跳舞跳了多长时间？

（1）我来北京的时候，坐飞机坐了十二个小时。

→ _____

（2）昨天我爬山爬了三个小时。→ _____

（3）今天早上我吃饭吃了一刻钟。→ _____

（4）从这儿到北海公园，骑车要骑一个多小时。

→ _____

（5）昨天我们划船划了两个小时。→ _____

4. 说话　Parlez

介绍一处你游览过的名胜古迹。
Parle d'une excursion que tu as faite dans un endroit historique.

提示：风景怎么样？有什么有名的东西？你最喜欢什么？游览了多长时间？
Indices: Comment est le paysage? Qu'est-ce qui est célèbre? Qu'est-ce que tu préfères? Combien de temps a duré la visite?

5. 听后复述　Écoutez et répétez

　　我喜欢旅行。旅行不仅可以游览名胜古迹，还是一种学习汉语的好方法（fāngfǎ, méthode）。在学校，我习惯听老师说话，换一个人就不习惯了。可是旅行的时候要跟各种各样的人说话，要问路，要参观，要买东西……这是学习汉语的好机会（jīhuì, opportunité）。放假的时候我就去旅行，提高我的听说能力。

6. 语音练习　Exercices de phonétique

(1) 常用音节练习　Lisez les syllabes suivantes

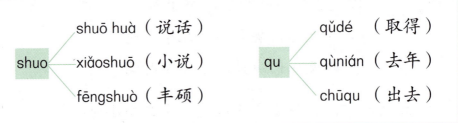

(2) 朗读会话　Séance de lecture à voix haute

A: Fàng jià yǐhòu nǐ jìhuà zuò shénme?

B: Wǒ xiǎng qù lǚxíng.

A: Nǐ qù nǎr?

B: Qù Dōngběi.

A: Xiànzài Dōngběi duō lěng a!

B: Lěng hǎo a, kěyǐ kàn bīngdēng (lampe à glace).

lǚyóu
旅游（2）
Voyage (2)

32 买到票了没有
As-tu acheté les billets

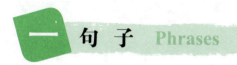

一 句 子 Phrases

229 你 看 见 刘 京 了 吗 ？ As-tu vu Liu Jing?
Nǐ kànjiàn Liú Jīng le ma?

230 你 上 二 楼 去 找 他 吧 。
Nǐ shàng èr lóu qù zhǎo tā ba.
Tu ferais mieux de le chercher au deuxième étage.

231 我 再 查 查 看 。
Wǒ zài chácha kàn.
Je vais vérifier à nouveau.

232 三 天 以 内 的 机 票 都 没 有 了 。
Sān tiān yǐnèi de jīpiào dōu méiyǒu le.
Les billets d'avion ont été vendus d'ici trois jours.

233 您 应 该 早 点 儿 预 订 飞 机 票 。
Nín yīnggāi zǎo diǎnr yùdìng fēijīpiào.
Vous devriez réserver le billet un peu plus tôt.

234 我 有 急 事 ， 您 帮 帮 忙 吧 ！
Wǒ yǒu jí shì, nín bāngbang máng ba!
Aidez-moi s'il vous plaît, j'ai une urgence.

235 有 一 张 十 五 号 下 午 两 点 多 的 退 票 。
Yǒu yì zhāng shíwǔ hào xiàwǔ liǎng diǎn duō de tuì piào.
Il y a une annulation pour deux heures de l'après-midi, le 15 de ce mois-ci.

Voyage (2)   121

236 | 十四点零五分起飞。
Shísì diǎn líng wǔ fēn qǐfēi.
Départ est prévu à 14 h 05.

二 会话 Conversations

1

和子：你看见刘京了吗？
Hézǐ: Nǐ kànjiàn Liú Jīng le ma?

玛丽：没看见。你上二楼去找他吧。
Mǎlì: Méi kànjiàn. Nǐ shàng èr lóu qù zhǎo tā ba.

2 （和子与刘京一起通过购票App买车票）

和子：刘京，买到票了没有？
Hézǐ: Liú Jīng, mǎidào piào le méiyǒu?

刘京：还没有，我再查查看。
Liú Jīng: Hái méiyǒu, wǒ zài chácha kàn.

和子：坐高铁还是动车？
Hézǐ: Zuò gāotiě háishi dòngchē?

刘京：坐高铁吧，高铁快。
Liú Jīng: Zuò gāotiě ba, gāotiě kuài.

和子：要哪天的？
Hézǐ: Yào nǎ tiān de?

刘京：明天的卖完了。有后天的，要不要？
Liú Jīng: Míngtiān de màiwán le. Yǒu hòutiān de, yào bu yào?

和子：要。上午到好，买哪次呢？
Hézǐ: Yào. Shàngwǔ dào hǎo, mǎi nǎ cì ne?

刘京：买 G79 次吧。上午9点到。要一等座
Liú Jīng: Mǎi G qīshíjiǔ cì ba. Shàngwǔ jiǔ diǎn dào. Yào yīděngzuò

还是二等座？
háishi èrděngzuò?

和子：二等座吧。
Hézǐ: Èrděngzuò ba.

3 （尼娜打电话预订机票）

尼娜：到北京的飞机票有吗？
Nínà: Dào Běijīng de fēijīpiào yǒu ma?

客服人员：三天以内的都没有了。您应该
Kèfú rényuán: Sān tiān yǐnèi de dōu méiyǒu le. Nín yīnggāi

早点儿预订。
zǎo diǎnr yùdìng.

尼娜：我有急事，您帮帮忙吧！
Nínà: Wǒ yǒu jí shì, nín bāngbang máng ba!

客服人员：您等等，我再查查。真巧，有一张
Kèfú rényuán: Nín děngdeng, wǒ zài chácha. Zhēn qiǎo, yǒu yì zhāng

十五号下午两点多的退票。
shíwǔ hào xiàwǔ liǎng diǎn duō de tuì piào.

尼娜：我要了。我的护照号码是X06005786。
Nínà: Wǒ yào le. Wǒ de hùzhào hàomǎ shì X líng liù líng líng wǔ qī bā liù.

请问，从这儿到北京要多长时间？
Qǐngwèn, cóng zhèr dào Běijīng yào duō cháng shíjiān?

客服人员：一个多小时。
Kèfú rényuán: Yí ge duō xiǎoshí.

尼娜： 几 点 起 飞？
Nínà: Jǐ diǎn qǐfēi?

客服人员： 十 四 点 零 五 分 起 飞。
Kèfú rényuán: Shísì diǎn líng wǔ fēn qǐfēi.

替换与扩展　Substitutions et Extensions

1. 替换　Substitutions

（1）你 买到 票 了没有？

| 找到 | 钱包 | 看对 | 时间 |
| 检查完 | 身体 | 办好 | 签证 |

（2）你 上二楼 去找他吧。

| 下 | 楼 | 到 | 停车场 |
| 到 | 她家 | 进 | 礼堂 |

2. 扩展　Extensions

（1）A：我 的 汉语书 忘 在宿舍里了，怎么办？
　　　Wǒ de Hànyǔshū wàng zài sùshè li le, zěnme bàn?

　　B：现在 马上 回 宿舍 去 拿，来得及。
　　　Xiànzài mǎshàng huí sùshè qu ná, láidejí.

（2）大家 讨论 一下儿，哪个 办法 好。
　　　Dàjiā tǎolùn yíxiàr, nǎge bànfǎ hǎo.

（3）牌子 上 写着，这儿 不 能 停 车。
　　　Páizi shàng xiězhe, zhèr bù néng tíng chē.

四 生词 Nouveaux mots

1.	以内	yǐnèi	名	dans le délai
2.	预订	yùdìng	动	réserver
3.	帮忙	bāng máng		aide
4.	退	tuì	动	rembourser; retourner
5.	卖	mài	动	vendre
6.	一等座	yīděngzuò	名	première classe
7.	二等座	èrděngzuò	名	deuxième classe
8.	护照	hùzhào	名	passeport
9.	钱包	qiánbāo	名	portefeuille
10.	检查	jiǎnchá	动	inspecter; vérifier
11.	签证	qiānzhèng	名	visa
12.	停车场	tíngchēchǎng	名	parking
13.	图书馆	túshūguǎn	名	bibliothèques
14.	礼堂	lǐtáng	名	auditorium
15.	讨论	tǎolùn	动	discuter
16.	办法	bànfǎ	名	méthode
17.	着	zhe	助	*particule d'aspect représentant la continuation d'un état*

五 语法 Grammaire

1. "见"作结果补语　《见》comme complément de conséquence

"见"常在"看"或"听"之后作结果补语。"看见"的意思是"看到","听见"的意思是"听到"。

《见》est généralement utilisé comme complément de conséquence après 《看》(voir) ou 《听》(écouter). 《看见》signifie "voir" et 《听见》signifie "écouter".

2. 动作的持续　La durée d'une action

（1）动态助词"着"加在动词后边,表示动作、状态的持续。否定形式是"没(有)……着"。例如:

La particule d'aspect 《着》est placée après le verbe pour indiquer la durée de l'action ou de l'état. Sa forme négative est 《没(有)……着》. Par exemple:

① 窗户开着,门没开着。　② 衣柜里挂着很多衣服。
③ 书上边没写着你的名字。　④ 他没拿着东西。

（2）它的正反疑问句形式用"……着……没有"表示。例如:

Dans les questions affirmatives-négatives, elle prend la forme: 《……着……没有》. Par exemple:

⑤ 门开着没有?　⑥ 你带着护照没有?

六 练习 Exercices

1. 根据情况,用趋向补语和下边的词语造句　Faites des phrases avec des compléments de direction et les mots donnés en dessous, en fonction des contextes donnés entre les parenthèses

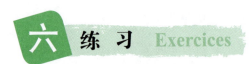 进　候机室（说话人在外边）➡ 刚才他进候机室去了。

(1) 上　山（说话人在山下）　➡ _____

(2) 进　教室（说话人在教室）　➡ _____

(3) 进　公园（说话人在公园外）　➡ _____

(4) 下　楼（说话人在楼下）　➡ _____

(5) 回　家（说话人在外边）　➡ _____

2. **用动词加"着"填空**　Complétez les trous en utilisant la particule d'aspect «着»

(1) 衣服在衣柜里 _____ 呢。

(2) 你找钱包？不是在你手里 _____ 吗？

(3) 我的自行车钥匙在桌子上 _____，你去拿吧。

(4) 九号楼前边 _____ 很多自行车。

(5) 我的书上 _____ 我的名字呢，能找到。

(6) 参观的时候你 _____ 他去，他不认识那儿。

3. **看图说话（用上动词加"着"）**　Regardez le tableau ci-dessous et faites des phrases à l'oral en utilisant «着»

4. **用"从……到……"回答问题** Utilisez «从……到……» pour répondre aux questions suivantes

(1) 每星期你什么时候上课?

(2) 你每天从几点到几点上课?

(3) 从你们国家到北京远不远?

5. **完成对话** Complétez les conversations suivantes

A:我要预订一张火车票。

B:_____。您去哪儿?

A:_____。

B:_____?

A:四月十号上午的高铁。

B:_____?

A:一等座。

6. **根据下面的火车时刻表买票** Achetez des billets selon les horaires de train ci-dessous

车次 类型	出发站 到达站	出发时间 到达时间	历时
G671 高速	始 北京西 过 西安北	07:49 13:41	5 小时 52 分
G307 高速	始 北京西 过 西安北	09:38 15:16	5 小时 38 分
T41 特快	始 北京西 终 西安	14:22 05:21^{+1}	14 小时 59 分

32 买到票了没有 As-tu acheté les billets

G663 高速	始 北京西 终 西安北	15:45 21:04	5 小时 19 分
T7 特快	始 北京西 过 西安	16:43 06:11⁺¹	13 小时 28 分
T231 特快	始 北京西 终 西安	18:35 07:36⁺¹	13 小时 01 分
G59 高速	始 北京西 终 西安北	18:55 23:20	4 小时 25 分
Z43 直特	始 北京西 终 西安	20:09 09:55⁺¹	13 小时 46 分
Z19 直特	始 北京西 终 西安	20:35 08:29⁺¹	11 小时 54 分

（查询时间：2021年10月14日14:38）

（1）买两张三天后早上从北京西站出发（chūfā, départ）、下午两点前到西安北站的高铁车票。

（2）买三张五天后下午从北京西站出发、晚上到西安北站的火车票。

7. 听后复述   Écoutez et répétez

张三和李四去火车站。进去以后，离开车只（zhǐ, seulement）有五分钟了。他们赶紧（gǎnjǐn, tout de suite）快跑。张三跑得快，先上了火车。他看见李四还在车外边，急了，就要下车。服务员说："先生，不能下车，车就要开了，来不及了。"张三说："不行，要走的是他，我是来送他的。"

8. 语音练习　Exercices de phonétique

(1) 常用音节练习　Lisez les syllabes suivantes

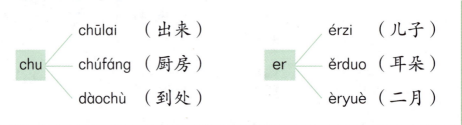

(2) 朗读会话　Séance de lecture à voix haute

A: Huǒchē shang yǒudiǎnr rè.

B: Kāi chē yǐhòu jiù liángkuai le.

A: Zhèxiē dōngxi fàng zài nǎr?

B: Fàng zài shàngbian de xínglijià（bagage）shang.

A: Zhēn gāo a!

B: Wǒ bāng nǐ fàng.

A: Máfan nǐ le.

B: Bú kèqi.

**lǚyóu
旅游（3）**
Voyage (3)

33 我们预订了两个房间
Nous avons réservé deux chambres

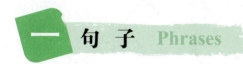   **Phrases**

237　终 于 到 桂 林 了 。　Nous sommes finalement à Guilin.
　　　Zhōngyú dào Guìlín le.

238　哎呀， 热 死 了 ！① Oh là ! Il fait trop chaud!
　　　Āiyā, rèsǐ le!

239　一 定 要 痛 痛 快 快 地 洗 个 澡 。
　　　Yídìng yào tòngtòngkuàikuài de xǐ ge zǎo.
　　　Je dois prendre une bonne douche.

240　只 要 能 让 我 早 一 点 儿 洗 澡 就 行 。
　　　Zhǐyào néng ràng wǒ zǎo yìdiǎnr xǐ zǎo jiù xíng.
　　　Tant que je peux me doucher un peu plus tôt.

241　我 们 在 网 上 预 订 了 两 个 房 间 。
　　　Wǒmen zài wǎng shang yùdìngle liǎng ge fángjiān.
　　　Nous avons réservé deux chambres en ligne.

242　请 输 入 密 码 。 请 在 这 里 签 名 。
　　　Qǐng shūrù mìmǎ. Qǐng zài zhèli qiān míng.
　　　S'il vous plaît, entrez le mot de passe. Signez ici, s'il vous plaît.

243　那 个 包 你 放 进 衣 柜 里 去 吧 。
　　　Nàge bāo nǐ fàngjìn yīguì li qu ba.
　　　Mets ce sac dans ton placard.

244 | 那个包很大，放得进去放不进去？
Nàge bāo hěn dà, fàng de jinqu fàng bu jinqu?
Ce sac est énorme. Tu peux le mettre dedans?

二 会话 Conversations

1 (在火车站)

大卫： 终于到桂林了。
Dàwèi: Zhōngyú dào Guìlín le.

尼娜： 哎呀，热死了！
Nínà: Āiyā, rèsǐ le!

玛丽： 到了酒店，一定要
Mǎlì: Dàole jiǔdiàn, yídìng yào

痛痛快快地洗个澡。
tòngtòngkuàikuài de xǐ ge zǎo.

大卫： 我们预订的酒店不远，
Dàwèi: Wǒmen yùdìng de jiǔdiàn bù yuǎn,

怎么去好呢？
zěnme qù hǎo ne?

玛丽： 只要能让我早一点儿
Mǎlì: Zhǐyào néng ràng wǒ zǎo yìdiǎnr

洗澡就行。
xǐ zǎo jiù xíng.

尼娜： 前边就有出租车，我们打车去吧。
Nínà: Qiánbian jiù yǒu chūzūchē, wǒmen dǎ chē qù ba.

33 我们预订了两个房间   Nous avons réservé deux chambres

2 （在酒店大厅）

服务员：您好！
Fúwùyuán: Nín hǎo!

大卫：你好！我们在网上预订了两个房间。
Dàwèi: Nǐ hǎo! Wǒmen zài wǎng shang yùdìngle liǎng ge fángjiān.

服务员：我看看你们的护照。
Fúwùyuán: Wǒ kànkan nǐmen de hùzhào.

你们要住三天，是吗？
Nǐmen yào zhù sān tiān, shì ma?

大卫：是的。
Dàwèi: Shì de.

服务员：好，请你们填一下儿表。
Fúwùyuán: Hǎo, qǐng nǐmen tián yíxiàr biǎo.

大卫：（填完表）给你。这是我的信用卡。
Dàwèi: (tiánwán biǎo) Gěi nǐ. Zhè shì wǒ de xìnyòngkǎ.

服务员：请输入密码。请在这里签名。这是你们的房卡。房间在五楼。电梯在那边。
Fúwùyuán: Qǐng shūrù mìmǎ. Qǐng zài zhèli qiān míng. Zhè shì nǐmen de fángkǎ. Fángjiān zài wǔ lóu. Diàntī zài nàbian.

大卫：谢谢！
Dàwèi: Xièxie!

3 (在房间里)

玛丽：这个房间不错，窗户很大。
Mǎlì: Zhège fángjiān búcuò, chuānghu hěn dà.

尼娜：我想洗澡。
Nínà: Wǒ xiǎng xǐ zǎo.

玛丽：先吃点儿东西吧。
Mǎlì: Xiān chī diǎnr dōngxi ba.

尼娜：我不饿，刚才吃了一块蛋糕。
Nínà: Wǒ bú è, gāngcái chīle yí kuài dàngāo.

玛丽：那个包你放进衣柜里去吧。
Mǎlì: Nàge bāo nǐ fàngjìn yīguì li qu ba.

尼娜：包很大，放得进去放不进去？
Nínà: Bāo hěn dà, fàng de jinqu fàng bu jinqu?

玛丽：你试试。
Mǎlì: Nǐ shìshi.

尼娜：放得进去。我的红衬衫怎么不见了？
Nínà: Fàng de jinqu. Wǒ de hóng chènshān zěnme bú jiàn le?

玛丽：不是放在椅子上吗？
Mǎlì: Bú shì fàng zài yǐzi shang ma?

尼娜：啊，刚放的就忘了。
Nínà: À, gāng fàng de jiù wàng le.

注释　Remarque

❶ 热死了！　Il fait trop chaud!

"死"作补语，表示程度高，即"达到极点"的意思。

«死» comme complément exprime un degré élevé, c'est-à-dire le niveau ultime de quelque chose.

三　替换与扩展　Substitutions et Extensions

1. 替换　Substitutions

（1）<u>热</u>死了！　　麻烦　忙　饿　渴　高兴　难

（2）<u>到了酒店</u>，一定要<u>痛痛快快</u>地<u>洗个澡</u>。

考完试	好	睡一觉
刚吃饱	慢	走回去
放了假	快乐	去旅行
回到家	热闹	喝一次酒

（3）那<u>个</u> <u>包</u>你放进<u>衣柜</u>里去吧。

条	裙子	箱子
条	裤子	包
件	毛衣	衣柜
瓶	啤酒	冰箱

2. 扩展　Extensions

(1) 餐厅 在大门 的 旁边。
　　Cāntīng zài dàmén de pángbiān.

(2) A：你 洗 个 澡 吧。
　　　Nǐ xǐ ge zǎo ba.

　　B：不，我 快 饿 死 了，先 吃 点儿 东西 再说。
　　　Bù, wǒ kuài èsǐ le, xiān chī diǎnr dōngxi zàishuō.

四　生词　Nouveaux mots

1.	终于	zhōngyú	副	finalement
2.	死	sǐ	动/形	mourir; mort
3.	痛快	tòngkuài	形	satisfaisant
4.	地	de	助	particule structurelle pour former un adverbe
5.	洗澡	xǐ zǎo		se doucher
6.	只要……就……	zhǐyào…… jiù……		si…alors
7.	输入	shūrù	动	entrer
8.	密码	mìmǎ	名	mot de passe
9.	签名	qiān míng		signature
10.	包	bāo	名	sac
11.	酒店	jiǔdiàn	名	hôtel
12.	填表	tián biǎo		remplir un formulaire

33 我们预订了两个房间　Nous avons réservé deux chambres

13.	房卡	fángkǎ	名	carte de la chambre
14.	饿	è	形	faim
15.	衬衫	chènshān	名	chemise
16.	椅子	yǐzi	名	chaise
17.	渴	kě	形	soif
18.	饱	bǎo	形	rassasié
19.	裙子	qúnzi	名	robe
20.	箱子	xiāngzi	名	valise
21.	裤子	kùzi	名	pantalon
22.	餐厅	cāntīng	名	restaurant

五 语法 Grammaire

1. 形容词重叠与结构助词"地"　Redoublement de l'adjectif et particule structurelle《地》

（1）一部分形容词可以重叠，重叠后表示性质程度的加深。单音节形容词重叠后第二个音节可变为第一声，并可儿化，例如：好好儿、慢慢儿；双音节形容词的重叠形式为"AABB"，例如：高高兴兴、干干净净。

Certains adjectifs peuvent être doublés. Le redoublement de l'adjectif indique généralement une insistance ou une mise en accent. Lorsque l'adjectif monosyllabique est doublé, on répète deux fois la même syllabe et met la deuxième au premier ton. On peut parfois ajouter «儿» à la fin, par exemple: «好好儿» «慢慢儿». Le doublement des adjectifs à deux syllabes est «AABB», par exemple: «高高兴兴» «干干净净».

（2）单音节形容词重叠后作状语用不用"地"都可以，双音节形容词重叠作状语一般要用"地"。例如：

Les adjectifs monosyllabiques qui se doublent peuvent être utilisés comme adverbes sans «地», tandis que les adjectifs à deux syllabes qui se doublent comme adverbes utilisent généralement «地». Par exemple:

> ① 你们慢慢（地）走啊！
> ② 他高高兴兴地说："我收到了朋友的礼物。"
> ③ 玛丽舒舒服服地躺在床上睡了。

2. 可能补语（2） Complément de potentialité (2)

（1）动词和趋向补语之间加上"得"或"不"，就构成了可能补语。例如：

L'insertion d'un auxiliaire structurel «得» ou «不» entre le verbe et le complément de direction peut former un complément de potentialité. Par exemple:

> ① 他们去公园了，十二点以前回得来。
> ② 山很高，我爬不上去。

（2）正反疑问句的构成方式是并列可能补语的肯定形式和否定形式。例如：

Les questions affirmatives- négatives sont composées d'une forme positive et d'une forme négative du complément de potentialité. Par exemple:

> ③ 你们十二点以前回得来回不来？
> ④ 你们听得懂听不懂中国人说话？

六 练习 Exercices

1. 用适当的量词填空 Complétez les trous avec les mots de mesure appropriés

一＿＿＿衬衫　　两＿＿＿裤子　　一＿＿＿裙子

33 我们预订了两个房间 | Nous avons réservé deux chambres

五 _____ 桌子 　　一 _____ 马路 　　一 _____ 衣柜

四 _____ 小说 　　两 _____ 票 　　　一 _____ 自行车

三 _____ 圆珠笔 　一 _____ 小狗 　　三 _____ 客人

2. 把下面的句子改成正反疑问句　Remplacez les questions suivantes par des questions affirmatives-négatives

例 Exemple　今天晚上六点你回得来吗？

→ 今天晚上六点你回得来回不来？

（1）那个门很小，汽车开得进去吗？

→ _____

（2）这个包里再放两件衣服，放得进去吗？

→ _____

（3）这么多药水你喝得下去吗？

→ _____

（4）箱子放在衣柜上边，你拿得下来吗？

→ _____

3. 用"只要……就……"回答问题　Utilisez «只要……就……» pour répondre aux questions suivantes

例 Exemple　A：明天你去公园吗？

B：只要天气好，我就去。

（1）A：中国人说话，你听得懂吗？

B：_____

（2）A：你去旅行吗？

　　B：_____

（3）A：明天你去看话剧吗？

　　B：_____

（4）A：你想买什么样的衬衫？

　　B：_____

4. 完成对话　Complétez les conversations suivantes

　A：请问，一个房间_____？

　B：一天六百五十八。

　A：_____？

　B：有两张床。

　A：_____？

　B：很方便，一天二十四小时都有热水。

　A：房间里能上网吗？

　B：_____。

　A：好，我要一个房间。

5. 会话　Conversations

在酒店看房间，服务员说这个房间很好，你觉得太贵了，想换一个。
En regardant la chambre à l'hôtel, le personnel dit que c'est une très bonne chambre, tu penses que c'est trop cher, tu veux en changer une autre.

提示：房间大小，有什么东西，能不能洗澡，是不是干净，一天多少钱，住几个人。

Indices: Taille de la chambre, qu'est-ce qu'il y a dans la chambre, si on peut prendre la douche, si la chambre est propre, le tarif de la nuitée, combien de personnes peuvent y vivre.

6. 听后复述   Écoutez et répétez

这个酒店不错。房间不太大，可是很干净。二十四小时都能洗热水澡，很方便。房间里可以上网。酒店的楼上有咖啡厅和歌厅（gētīng, karaoké）。客人们白天（báitiān, jour）在外边参观游览了一天，晚上喝杯咖啡，唱唱歌，可以好好儿地休息休息。

7. 语音练习   Exercices de phonétique

(1) 常用音节练习   Lisez les syllabes suivantes

(2) 朗读会话   Séance de lecture à voix haute

A: Nǐ hǎo! Wǒ yùdìngle yí ge fángjiān.
B: Nín guìxìng?
A: Wǒ xìng Wáng, Wáng Lán.
B: Duìbuqǐ, nín lái de tài zǎo le, fúwùyuán hái méiyǒu shōushi fángjiān ne.
A: Méi guānxi, wǒ děng yíhuìr. Jǐ diǎn kěyǐ zhù?
B: Bā diǎn.

kàn bìng
看病
Chez le médecin

34 我头疼
J'ai mal à la tête

一 句子 Phrases

245 你怎么了？ Qu'est-ce que tu as?
Nǐ zěnme le?

246 我头疼，咳嗽。 J'ai mal à la tête et je tousse.
Wǒ tóu téng, késou.

247 我昨天晚上就开始不舒服了。
Wǒ zuótiān wǎnshang jiù kāishǐ bù shūfu le.
Je ne me sens pas bien depuis la nuit dernière.

248 你把嘴张开，我看看。
Nǐ bǎ zuǐ zhāngkāi, wǒ kànkan.
Ouvre la bouche, je veux voir.

249 吃两天药就会好的。
Chī liǎng tiān yào jiù huì hǎo de.
Prends des médicaments pendant deux jours et ça ira.

250 王兰呢？① Et Wang Lan?
Wáng Lán ne?

251 我一下课就找她。
Wǒ yí xià kè jiù zhǎo tā.
Je vais la chercher dès que je termine les cours.

252 我 找 了 她 两 次， 她 都 不 在。
Wǒ zhǎole tā liǎng cì, tā dōu bú zài.
Je suis allé la chercher deux fois mais elle n'était pas là.

二 会 话 Conversations

1

大夫：你 怎 么 了？
Dàifu: Nǐ zěnme le?

玛丽：我 头 疼， 咳嗽。
Mǎlì: Wǒ tóu téng, késou.

大夫：几 天 了？
Dàifu: Jǐ tiān le?

玛丽：昨 天 上 午 还 好 好 儿 的，
Mǎlì: Zuótiān shàngwǔ hái hǎohāor de,

晚 上 就 开 始 不 舒 服 了。
wǎnshang jiù kāishǐ bù shūfu le.

大夫：你 吃 药 了 吗？
Dàifu: Nǐ chī yào le ma?

玛丽：吃 了 一 次。
Mǎlì: Chīle yí cì.

大夫：你 把 嘴 张 开， 我 看 看。 嗓 子 有 点 儿 红。
Dàifu: Nǐ bǎ zuǐ zhāngkāi, wǒ kànkan. Sǎngzi yǒudiǎnr hóng.

玛丽：有 问 题 吗？
Mǎlì: Yǒu wèntí ma?

大夫：没什么。你量一下儿体温吧。
Dàifu: Méi shénme. Nǐ liáng yíxiàr tǐwēn ba.

玛丽：发烧吗？
Mǎlì: Fā shāo ma?

大夫：三十七度六，你感冒了。
Dàifu: Sānshíqī dù liù, nǐ gǎnmào le.

玛丽：要打针吗？
Mǎlì: Yào dǎ zhēn ma?

大夫：不用，吃两天药就会好的。
Dàifu: Búyòng, chī liǎng tiān yào jiù huì hǎo de.

2

和子：王兰呢？我一下课就找她，找了她
Hézǐ: Wáng Lán ne? Wǒ yí xià kè jiù zhǎo tā, zhǎole tā
　　　两次，她都不在。
　　　liǎng cì, tā dōu bú zài.

刘京：她住院了。
Liú Jīng: Tā zhù yuàn le.

和子：病了吗？
Hézǐ: Bìng le ma?

刘京：不是，她受伤了。
Liú Jīng: Bú shì, tā shòushāng le.

和子：住哪个医院？
Hézǐ: Zhù nǎge yīyuàn?

刘京：可能是人民医院。
Liú Jīng: Kěnéng shì Rénmín Yīyuàn.

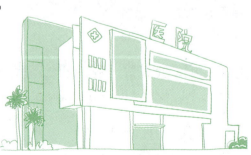

和子： 现在情况怎么样？伤得重吗？
Hézǐ: Xiànzài qíngkuàng zěnmeyàng? Shāng de zhòng ma?

刘京： 还不清楚，检查了才能知道。
Liú Jīng: Hái bù qīngchu, jiǎnchále cái néng zhīdào.

注释　Remarque

① 王兰呢？ Et Wang Lan?

"名/代+呢"一般表示询问某人或某物在什么地方。"王兰呢"的意思是"王兰在哪儿"。

Un nom ou un pronom avec «呢» peut être utilisé pour demander la localisation d'une personne ou d'une chose. Par conséquent, «王兰呢» signifie "Où est Wang Lan".

三　替换与扩展　Substitutions et Extensions

1. 替换　Substitutions

(1) 请把<u>嘴</u> <u>张开</u>。

窗户	开开	照片	发过去
冰箱	打开	文件	放好
门	锁好		

(2) 我<u>找</u>了她两次，她都不<u>在</u>。

问	说	请	来
给	要	约	去

(3) 我一下课就找她。　　　　到家　吃饭　放假　去旅行
　　　　　　　　　　　　　　　关灯　睡觉　起床　去锻炼

2. 扩展　Extensions

(1) 他 发 了 两 天 烧，吃 药 以 后，今 天 好 多 了。
　　Tā fāle liǎng tiān shāo, chī yào yǐhòu, jīntiān hǎoduō le.

(2) 他 眼睛 做了 手术，下 星期 可 以 出 院 了。
　　Tā yǎnjing zuòle shǒushù, xià xīngqī kěyǐ chū yuàn le.

四　生词　Nouveaux mots

1.	开始	kāishǐ	动	commencer
2.	把	bǎ	介	préposition utilisée lorsque l'objet précède le verbe et est le destinataire de l'action
3.	嘴	zuǐ	名	bouche
4.	张	zhāng	动	ouvrir
5.	一……就……	yī……jiù……		dès que…alors
6.	嗓子	sǎngzi	名	gorge
7.	量	liáng	动	mesurer
8.	体温	tǐwēn	名	température corporelle
9.	发烧	fā shāo		avoir de la fièvre
10.	打针	dǎ zhēn		faire une piqûre

34 我头疼 J'ai mal à la tête

11.	住院	zhù yuàn		être hospitalisé
12.	受	shòu	动	souffrir de
13.	伤	shāng	名/动	blessure; blesser
14.	情况	qíngkuàng	名	situation
15.	重	zhòng	形	sérieux
16.	文件	wénjiàn	名	document
17.	锁	suǒ	动/名	verrouiller; verrouillage
18.	灯	dēng	名	lumière
19.	锻炼	duànliàn	动	faire des exercices physiques
20.	手术	shǒushù	名	opération
21.	出院	chū yuàn		quitter l'hôpital

专名 Nom propre

人民医院	Rénmín Yīyuàn	Hôpital publique

五 语法 Grammaire

1. "把"字句（1） Phrase avec «把» (1)

（1）"把"字句常常用来强调说明动作对某事物如何处置及处置的结果。在"把"字句里，介词"把"和它的宾语——被处置的事物，必须放在主语之后、动词之前，起状语的作用。例如：

La phrase avec «把» est utilisée pour souligner l'influence du sujet sur le complément d'objet et son résultat. Dans une phrase, la préposition «把» et son complément d'objet (c'est-à-dire l'objet affecté) doivent être placés entre le sujet et le verbe. Elle joue un rôle de complément circonstanciel. Par exemple:

> ① 你把门开开。　　② 我把文件寄出去了。
> ③ 小王把那本书带来了。　　④ 请把那儿的情况给我们介绍介绍。

（2）"把"字句有如下几个特点：
Caractéristiques des phrases avec «把»:

a. "把"的宾语是说话人心目中已确定的。不能说"把一杯茶喝了"，只能说"把那杯茶喝了"。

Le complément d'objet renvoie à quelque chose de précis, décidée par le locuteur. On peut donc dire «把那杯茶喝了», mais pas «把一杯茶喝了».

b. "把"字句的主要动词一定是及物的，并带有处置或支配的意义。没有处置意义的动词，如"有""是""在""来""回""喜欢""知道"等，不能用于"把"字句。

Le verbe actif de la phrase «把» doit être un verbe transitif et avoir le sens de disposer ou de contrôler quelque chose. Les verbes qui n'ont pas ce sens, comme «有» «是» «在» «来» «去» «回» «喜欢» «知道» etc., ne peuvent pas être utilisés dans la phrase «把».

c. "把"字句的动词后，必须有其他成分。比如不能说"我把门开"，必须说"我把门开开"。

Dans la phrase «把», le verbe doit être suivi d'autres éléments. On peut donc dire «我把门开开», mais pas «我把门开».

2. 一……就……　Expression «一……就……»

（1）有时表示两件事紧接着发生。例如：

La structure «一……就……» indique que deux événements se produisent successivement l'un après l'autre. Par exemple:

> ① 他一下车就看见玛丽了。　　② 他们一放假就都去旅行了。

（2）有时候前一分句表示条件，后一分句表示结果。例如：

Parfois, la première partie d'une phrase représente une condition et la deuxième partie un résultat. Par exemple :

> ③ 他一累就头疼。　　　　④ 一下雪，路就很滑。

六 练习 Exercices

1. 给下面的词语配上适当的结果补语 Ajoutez un complément de conséquence approprié aux mots suivants

关_____窗户　　　张_____嘴　　　锁_____门

开_____灯　　　　吃_____饭　　　修_____自行车

洗_____衣服　　　接_____一个电话

2. 仿照例子，把下面的句子改成"把"字句 Transformez les phrases suivantes en utilisant «把». Suivez l'exemple donné

例 Exemple 他画好了一张画儿。➡ 他把那张画儿画好了。

（1）他打开了桌上的电脑。➡ _____

（2）我弄丢了小王的笔。➡ _____

（3）我们布置好了那个房间。➡ _____

（4）我摔坏了刘京的手机。➡ _____

3. 完成对话 Complétez les conversations suivantes

A：_____？

B：我刚一病就住院了。

A：_____？

B：现在还在检查，检查完了才能知道。

A：要我帮你做什么吗？

B：你下次来，_____。（把　书）

A：好。

4. 会话　Conversations

大夫和看病的人对话。
Le médecin parle avec le patient.

提示：看病的人告诉大夫，他打球的时候，手受伤了，所以来医院看病。
Indices: Le patient a dit au médecin qu'il avait une blessure au bras pendant qu'il jouait. C'est pour ça qu'il est venu à l'hôpital.

5. 听后复述　Écoutez et répétez

今天小王一起床就头疼，不想吃东西。他没去上课，去医院看病了。大夫给他检查了身体，问了他这两天的生活情况。

他不发烧，嗓子也不红，不是感冒。昨天晚上他玩儿电脑，睡得很晚，睡得也不好。头疼是因为（yīnwèi, parce que）睡得太少了。大夫没给他开药，告诉他回去好好儿睡一觉就会好的。

6. 语音练习　Exercices de phonétique

(1) 常用音节练习　Lisez les syllabes suivantes

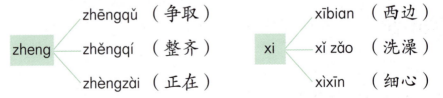

(2) 朗读会话　Séance de lecture à voix haute

A: Dàifu, wǒ dùzi téng.

B: Shénme shíhou kāishǐ de?

A: Jīntiān zǎoshang.

B: Zuótiān nǐ chī shénme dōngxi le? Chī tài liáng de dōngxi le ma?

A: Hēle hěn duō bīngshuǐ.

B: Kěnéng shì yīnwèi hē de tài duō le, chī diǎnr yào ba.

tànwàng
探望
Rendre une visite

35 你好点儿了吗
Est-ce que tu te sens mieux

一 句子 Phrases

253 王兰被车撞伤了。
Wáng Lán bèi chē zhuàngshāng le.
Wang Lan a été renversée par une voiture.

254 带些水果什么的①吧。
Dài xiē shuǐguǒ shénmede ba.
Prenons des fruits et d'autres aliments.

255 医院前边修路，汽车到不了医院门口。
Yīyuàn qiánbian xiū lù, qìchē dào bu liǎo yīyuàn ménkǒu.
Ils construisent des routes devant l'hôpital, donc la voiture ne peut pas aller devant la porte de l'hôpital.

256 从那儿走着去很近。
Cóng nàr zǒuzhe qù hěn jìn.
Depuis là-bas, c'est tout près pour aller à pied.

257 你好点儿了吗？ Est-ce que tu te sens mieux?
Nǐ hǎo diǎnr le ma?

258 看样子，你好多了。 Tu as l'air mieux.
Kàn yàngzi, nǐ hǎoduō le.

35 你好点儿了吗 Est-ce que tu te sens mieux

259　我觉得一天比一天好。②
　　　Wǒ juéde yì tiān bǐ yì tiān hǎo.
　　　Je pense que ça va mieux de jour en jour.

260　我们给你带来一些吃的。
　　　Wǒmen gěi nǐ dàilai yìxiē chī de.
　　　Nous t'avons apporté quelque chose à manger.

二 会话 Conversations

1

玛丽：听说王兰被车撞伤了，是吗？
Mǎlì：Tīngshuō Wáng Lán bèi chē zhuàngshāng le, shì ma?

刘京：是的，她住院了。
Liú Jīng：Shì de, tā zhù yuàn le.

大卫：哪个医院？
Dàwèi：Nǎge yīyuàn?

刘京：人民医院。
Liú Jīng：Rénmín Yīyuàn.

大卫：今天下午我们去看看她吧。
Dàwèi：Jīntiān xiàwǔ wǒmen qù kànkan tā ba.

玛丽：好的。我们带点儿什么去？
Mǎlì：Hǎo de. Wǒmen dài diǎnr shénme qù?

大卫：带些水果什么的吧。
Dàwèi：Dài xiē shuǐguǒ shénmede ba.

玛丽：好，我们现在就去买。
Mǎlì：Hǎo, wǒmen xiànzài jiù qù mǎi.

Rendre une visite

刘京：对了，最近人民医院前边修路，汽车到
Liú Jīng: Duìle, zuìjìn Rénmín Yīyuàn qiánbian xiū lù, qìchē dào

不了医院门口。
bu liǎo yīyuàn ménkǒu.

玛丽：那怎么办？
Mǎlì: Nà zěnme bàn?

大卫：我们在前一站下车，从那儿走着去很近。
Dàwèi: Wǒmen zài qián yí zhàn xià chē, cóng nàr zǒuzhe qù hěn jìn.

2

玛丽：王兰，你好点儿了吗？
Mǎlì: Wáng Lán, nǐ hǎo diǎnr le ma?

刘京：看样子，你好多了。
Liú Jīng: Kàn yàngzi, nǐ hǎoduō le.

王兰：我觉得一天比一天好。
Wáng Lán: Wǒ juéde yì tiān bǐ yì tiān hǎo.

大卫：我们给你带来一些吃的，保证你喜欢。
Dàwèi: Wǒmen gěi nǐ dàilai yìxiē chī de, bǎozhèng nǐ xǐhuan.

王兰：谢谢你们。
Wáng Lán: Xièxie nǐmen.

玛丽：你在这儿过得怎么样？
Mǎlì: Nǐ zài zhèr guò de zěnmeyàng?

王兰：眼镜摔坏了，看不
Wáng Lán: Yǎnjìng shuāihuài le, kàn bu

了书。
liǎo shū.

35 你好点儿了吗   Est-ce que tu te sens mieux

刘京: 别 着 急, 我 拿 去 找 人 修。
Liú Jīng: Bié zháo jí, wǒ náqu zhǎo rén xiū.

大卫: 你好好儿休息, 下次我们再来看你。
Dàwèi: Nǐ hǎohāor xiūxi, xià cì wǒmen zài lái kàn nǐ.

王兰: 不用了, 大夫说我下星期就能出院。
Wáng Lán: Búyòng le, dàifu shuō wǒ xià xīngqī jiù néng chū yuàn.

大卫: 真 的? 下个周末有聚会, 我们 等 你
Dàwèi: Zhēn de? Xià ge zhōumò yǒu jùhuì, wǒmen děng nǐ

来 参 加。
lái cānjiā.

王兰: 好, 我一定准时到。
Wáng Lán: Hǎo, wǒ yídìng zhǔnshí dào.

注释   Remarques

❶ 什么的   Etcetera

用在一个成分或几个并列成分之后，表示"等等"或"……之类"的意思。例如：喝点儿咖啡、雪碧什么的；洗洗衣服、做做饭什么的。一般不用于人或地方。
Dans ce cas, «什么的» signifie «等等» (et ainsi de suite) ou «……之类» (quelque chose comme ça). Par exemple: «喝点咖啡、雪碧什么的；洗洗衣服、做做饭什么的». Il n'est utilisé que pour représenter des choses (sauf des personnes ou des lieux).

❷ 我觉得一天比一天好。   Je pense que ça va mieux de jour en jour.

"一天比一天"作状语，表示随着时间的推移，事物变化的程度递增或递减。也可以说"一年比一年"或"一次比一次"等。
Dans ce cas, «一天比一天» indique une augmentation ou une diminution d'un objet ou d'un phénomène au fil du temps. On peut aussi dire «一年比一年» ou «一次比一次».

三 替换与扩展 Substitutions et Extensions

1. 替换 Substitutions

（1）王兰被车撞伤了。

树	风	刮倒
沙发	孩子	弄脏
杯子	病人	摔坏
杂志	他	借走

（2）我们给你带来一些吃的。

拿	糖
买	方便面
带	面包
借	法文小说

2. 扩展 Extensions

（1）天很黑，看样子要下雨了。
　　Tiān hěn hēi, kàn yàngzi yào xià yǔ le.

（2）人民的生活一年比一年幸福。
　　Rénmín de shēnghuó yì nián bǐ yì nián xìngfú.

（3）那个戴墨镜的人是谁？
　　Nàge dài mòjìng de rén shì shéi?

35 你好点儿了吗 Est-ce que tu te sens mieux

四 生词 Nouveaux mots

1.	被	bèi	介	utilisé dans une phrase passive pour décrire un agent ou un acteur
2.	撞	zhuàng	动	renverser
3.	什么的	shénmede	助	etcetera
4.	看样子	kàn yàngzi		avoir l'air…
5.	最近	zuìjìn	名	récemment
6.	保证	bǎozhèng	动	assurer
7.	眼镜	yǎnjìng	名	lunettes
8.	着急	zháo jí		anxieux
9.	周末	zhōumò	名	weekend
10.	聚会	jùhuì	名/动	fête; réunion
11.	准时	zhǔnshí	形	à l'heure
12.	树	shù	名	arbre
13.	倒	dǎo	动	tomber
14.	杯子	bēizi	名	verre
15.	病人	bìngrén	名	malade
16.	杂志	zázhì	名	magazine
17.	糖	táng	名	bonbons
18.	方便面	fāngbiànmiàn	名	nouille instantanée
19.	面包	miànbāo	名	pain

Rendre une visite

20.	黑	hēi	形	noir
21.	戴	dài	动	porter
22.	墨镜	mòjìng	名	lunettes de soleil

五 语法 Grammaire

被动句 Phrase passive

（1）用介词"被"引出动作的施动者构成被动句。这种句子多含有不如意的意思。例如：

Quand la préposition «被» est suivie de l'auteur qui effectue l'action, on peut former une phrase passive. Elle exprime en général un sentiment désagréable ou une déception. Par exemple:

① 王兰被车撞伤了。　　② 树被大风刮倒了。

（2）"被"的施动者（宾语）有时可笼统表示，也可不引出施动者。例如：

L'agent (c'est-à-dire l'auteur de l'action qui suit la préposition «被») est parfois exprimé de façon générale ou n'apparaît pas dans une phrase. Par exemple:

③ 那本小说被人借走了。　　④ 花瓶被打碎了。

（3）介词"让""叫"也可构成被动句，常用于非正式场合的口语中。"让""叫"引出的施动者（宾语）不可省略。例如：

Les phrases passives avec préposition «让» ou «叫» sont souvent utilisées dans un langage informel. L'agent (l'auteur de l'action) ne peut pas être omis. Par exemple:

⑤ 窗户让风刮开了。　　⑥ 那张画儿叫小孩弄脏了。

（4）意义上的被动。

Passivité au sens du terme.

没有"被""让""叫"等介词标志，但实际意义是被动的，叫意义上的被动。例如：
En chinois, certaines phrases ne sont pas marquées par des prépositions telles que «被» «让» et «叫», mais sont passives dans le sens pratique. Ce sont des concepts passifs. Par exemple:

⑦ 眼镜摔坏了。　　　　⑧ 衣服洗干净了。

六 练习 Exercices

1. 熟读下列短语并选择几个造句　Répétez plusieurs fois les locutions ci-dessous et en choisissez quelques-unes pour construire des phrases

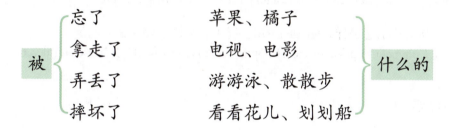

2. 用所给词语造被动句　Utilisez les mots donnés pour créer des phrases passives

例 Exemple　自行车　撞坏 → 我的自行车被汽车撞坏了。

（1）笔　　　　弄丢 → _____

（2）那本杂志　拿走 → _____

（3）照相机　　借走 → _____

（4）电脑　　　弄坏 → _____

3. 把下列"把"字句改为被动句 Remplacez les phares avec «把» par des phrases passives

   例 Exemple 我把眼镜摔坏了。→ 眼镜被我摔坏了。

   （1）妹妹把妈妈的手表弄丢了。→ _____

   （2）真糟糕，我把他的名字写错了。→ _____

   （3）他把文件忘在出租车上了。→ _____

   （4）他把房卡拿走了。→ _____

   （5）大风把小树刮倒了。→ _____

4. 会话　Conversations

   去医院看病人，与病人一起谈话。
   Tu vas a l'hôpital pour rendre visite à un patient, et tu parles avec lui.

   提示：医院生活怎么样，病（的）情（况）怎么样，要什么东西等。
   Indices: Comment se passe sa vie à l'hôpital? Comment va-t-il? Qu'est-ce qu'il veut?

5. 听后复述　Écoutez et répétez

   小王住院了，上星期六我们去看她。她住的病房有三张病床。两张病床有人，有一张是空（kōng, vide）的。我们去看她的时候，她正躺着看书呢。看见我们，她高兴极了。她说想出院。我们劝（quàn, conseiller）她不要着急，出院后我们帮她补（bǔ, rattrapage）课，想吃什么就给她送去。她很高兴，不再说出院的事了。

6. 语音练习 Exercices de phonétique

(1) 常用音节练习 Lisez les syllabes suivantes

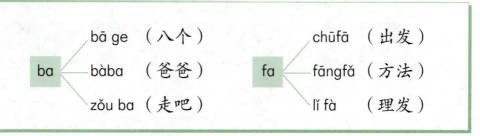

(2) 朗读会话 Séance de lecture à voix haute

A: Qǐngwèn, Wáng Lán zhù zài jǐ hào bìngfáng?

B: Tā zài wǔ hào yī chuáng, kěshì jīntiān bù néng kàn bìngrén.

A: Wǒ yǒu diǎnr jí shì, ràng wǒ jìnqu ba.

B: Shénme shì?

A: Tā xiǎng chī bīngjīlíng, xiànzài bú sòngqu, jiù děi hē bīng shuǐ le.

B: Méi guānxi, wǒ kěyǐ bāng nǐ bǎ bīngjīlíng gěi tā sòng jinqu.

复习（七）
Révisions (Ⅶ)

一 会话 Conversations

A：你去过四川（Sìchuān, province en Chine）吗？看过乐山大佛（Lèshān Dàfó, Statue géante de Bouddha à Leshan）吗？

B：我去过四川，可是没看过乐山大佛。

A：没看过？那你一定要去看看这尊（zūn, mot de mesure）有名的大佛！

B：乐山大佛有多大？

A：他坐着从头到脚（jiǎo, pied）就有71米（mǐ, mètre）。他的头有14米长，耳朵（ěrduo, oreille）有7米长。

B：啊，真大啊！那他的脚一定更大了。

A：那当然。大佛的脚有多大，我记不清楚了。不过可以这样说，他的一只脚上可以停五辆汽车。

B：真了不起（liǎobuqǐ, extraordinaire）！这尊大佛是什么时候修建（xiūjiàn, construire）的？

A：唐代（Táng Dài, Dynastie Tang）就修建了。大佛在那儿已经（yǐjīng, déjà）坐了一千（qiān, mille）多年了。你看，这些照片都是在那儿照的。

B：照得不错。那儿的风景也很美。你是什么时候去的？

A：2019年9月坐船去的。我还想再去一次呢。

B：听了你的介绍，我一定要去看看这尊大佛。要是你有时间，我们一起去，就可以请你当导游了。

A：没问题。

二 语法 Grammaire

（一）几种补语 Plusieurs types de complément

1. 状态补语　Complément d'état

状态补语一般由形容词充任，动词短语等也可作状态补语。状态补语必须带"得"。例如：

Le complément d'état est en général des adjectifs, parfois des locutions verbales. Il est accompagné de «得». Par exemple :

> ① 老师说得很慢。　　② 他急得跳了起来。
> ③ 他高兴得不知道说什么好。

2. 程度补语　Complément de degré

表示性质状态的程度。"死了""极了"作程度补语时，前面不加"得"；副词"很"、形容词"多"等作程度补语时，前面加"得"。例如：

Il précise le degré d'un état. Lorsque «死了» «极了» sont utilisés comme complément de degré, «得» ne peut pas être placé devant ; lorsque l'adverbe «很», l'adjectif «多» sont utilisés comme complément de degré, «得» doit être placé devant. Par exemple :

> ① 今天热死了。
> ② 那只小狗可爱极了。

不带"得"的程度补语
complément de degré sans «得»

③ 中国的名胜古迹多得很。
④ 这儿比那儿冷得多。

带"得"的程度补语
Complément de degré avec «得»

3. 结果补语　Complément de conséquence

① 你看见和子了吗？　② 玛丽住在九号楼。
③ 我把啤酒放在冰箱里了。　④ 我拿走了他的汉语书。

4. 趋向补语　Complément de direction

① 王老师从楼上下来了。　② 玛丽进大厅去了。
③ 他买回来很多水果。　④ 那个包你放进衣柜里去吧。

5. 可能补语　Complément de potentialité

结果补语、简单或复合趋向补语前加"得"或"不"，都可以构成可能补语。例如：
Les compléments de conséquence et les compléments simples ou complexes de direction peuvent constituer des compléments de potentialilté s'ils sont précédés par «得» ou «不».

① 练习不太多，今天晚上我做得完。
② 我听不懂你说的话。
③ 现在去长城，下午两点回得来回不来？
④ 衣柜很小，这个包放不进去。

6. 数量补语　Complément de quantité

① 姐姐比妹妹大三岁。　② 大卫比我高一点儿。
③ 那种咖啡比这种便宜六块多钱。

7. 动量补语　Complément de fréquence

① 来北京以后，他只去过一次动物园。
② 我去找了他两次。

8. 时量补语　Complément de temps

① 我们休息了二十分钟。　② 他只学了半年汉语。
③ 大卫做练习做了一个小时。　④ 小王已经毕业两年了。

（二）结构助词"的""得""地"　Les particules structurelles «的» «得» «地»

1. 的

"的"用在定语和中心语之间。例如：
«的» est utilisé entre l'attribut et l'élément clé. Par exemple：

① 穿白衣服的同学是他的朋友。
② 那儿有个很大的商店。

2. 得

"得"用在动词、形容词和补语之间。例如：
«得» est placé entre le verbe ou l'adjectif et le complément. Par exemple：

① 我的朋友在北京过得很愉快。
② 这些东西你拿得了拿不了？

3. 地

"地"用在状语和动词之间。例如：

«地» est placé entre le verbe et le complément circonstanciel. Par exemple:

① 大卫高兴地说:"我这次考了100分。"

② 中国朋友热情地欢迎我们。

三 练习 Exercices

1. 按照实际情况说话 Parlez en fonction de la situation réelle

（1）说说你的宿舍是怎么布置的。（用上"着"）

（2）说说你一天的生活。（用上趋向补语"来""去"）

（3）介绍一次旅游的情况。（买票　找酒店　参观　游览）

2. 会话 Conversations

（1）旅游　Voyage

A. 买票　Acheter un billet

到……的票还有吗？
预订……张……（时间）的票。
要一等座（二等座）。

要哪次的？
几点开（起飞）？
坐……要多长时间？

B. 酒店　Hôtel

有洗衣房吗？
还有标准间（biāozhǔnjiān, Chambre standard）/套房（tàofáng, suite）吗？

住一天多少钱？
餐厅[游泳池（yóuyǒngchí, piscine)、咖啡厅……]在哪儿？

166　复习（七）

C. 参观游览　Visite touristique

> 这儿的风景……
> 有什么名胜古迹？
> 先去……再去……
>
> 顺便到……
> 跟……一起……
> 当导游

（2）看病　Chez le médecin

> 你怎么了？
> 量一下儿体温吧。
> 发烧，……度。
> 感冒了。
> 吃点儿药。
> 一天吃……次。
> 一天打……针。
> 住（出）院吧。
>
> 不舒服
> 头疼
> 嗓子疼
> 咳嗽
> 什么病？

（3）探望　Rendre une visite

> 什么时候能看病人？
> 给他买点儿什么？
> 你好点儿了吗？
> 看样子，你……
> 别着急，好好儿休息。
> 你想要什么东西吗？
> 医院的生活怎么样？
> 什么时候出院？
>
> 谢谢你来看我。
> （你们）太客气了。
> 现在好多了。

3. 完成对话　Complétez les conversations suivantes

　A：玛丽，天津离北京这么近，星期四我们去玩儿玩儿吧。

　B：好，我们可以让＿＿＿＿＿＿＿＿＿＿＿＿＿＿。

　A：不行，小刘病了。

　B：＿＿＿＿＿＿＿＿＿＿＿？

　A：她发烧、咳嗽。

　B：＿＿＿＿＿＿＿＿＿＿＿？我怎么不知道？

　A：昨天晚上开始的。

　B：＿＿＿＿＿＿＿＿＿＿＿，我们自己去不方便。

　A：也好，等小刘好了再去吧。

4. 语音练习　Exercices de phonétique

（1）声调练习：第一声+第三声　Exercices des tons: 1er ton + 3^{e} ton

　yāoqǐng　（邀请）

　yāoqǐng qīnyǒu　（邀请亲友）

　yāoqǐng qīnyǒu hē jiǔ　（邀请亲友喝酒）

（2）朗读会话　Séance de lecture à voix haute

　A: Dàifu, wǒ sǎngzi téng.

　B: Yǒudiǎnr hóng, yào duō hē shuǐ.

　A: Wǒ hē de bù shǎo.

　B: Bié chī de tài xián.

　A: Wǒ zhīdào.

　B: Xiànzài nǐ qù ná yào, yàoshi bù hǎo, zài lái kàn.

　A: Hǎo, xièxie. Zàijiàn!

gào bié
告别
Au revoir

36 我要回国了
Je vais retourner dans mon pays

一 句子 Phrases

261 好久不见了。 Ça fait longtemps.
Hǎojiǔ bújiàn le.

262 你今天怎么有空儿来了？
Nǐ jīntiān zěnme yǒu kòngr lái le?
Qu'est - ce qui t'amène ici aujourd'hui?

263 我来向您告别。 Je suis venu vous dire au revoir.
Wǒ lái xiàng nín gào bié.

264 我常来打扰您，很过意不去。
Wǒ cháng lái dǎrǎo nín, hěn guò yì bú qù.
Je suis désolé de vous avoir souvent dérangé.

265 您那么忙，不用送我了。
Nín nàme máng, búyòng sòng wǒ le.
Ne vous embêtez pas à m'accompagner, vous êtes si occupé.

266 我一边学习，一边工作。
Wǒ yìbiān xuéxí, yìbiān gōngzuò.
J'étudie et je travaille en même temps.

267 朋友们有的知道，有的不知道。
Péngyoumen yǒude zhīdào, yǒude bù zhīdào.
Certains amis le savent, d'autres ne le savent pas.

268 | 趁 这 两 天 有 空儿，我 去 向 他们 告 别。
Chèn zhè liǎng tiān yǒu kòngr, wǒ qù xiàng tāmen gào bié.
Tant je suis libre ces jours-ci, je vais leur dire au revoir.

二 会话 Conversations

1

玛丽：您 好，王 先 生！
Mǎlì: Nín hǎo, Wáng xiānsheng!

王：玛丽，好久不见了。今天怎么有 空儿来了？
Wáng: Mǎlì, hǎojiǔ bú jiàn le. Jīntiān zěnme yǒu kòngr lái le?

玛丽：我 来 向 您告别。
Mǎlì: Wǒ lái xiàng nín gào bié.

王：你要 去 哪儿？
Wáng: Nǐ yào qù nǎr?

玛丽：我 要 回 国 了。
Mǎlì: Wǒ yào huí guó le.

王：日子过得真快，你来北京已经一年了。
Wáng: Rìzi guò de zhēn kuài, nǐ lái Běijīng yǐjīng yì nián le.

玛丽：常 来 打 扰 您，很 过意不去。
Mǎlì: Cháng lái dǎrǎo nín, hěn guò yì bú qù.

王：哪儿的话①，因为 忙，对你的照顾很不够。
Wáng: Nǎr de huà, yīnwèi máng, duì nǐ de zhàogù hěn bú gòu.

36 我要回国了 Je vais retourner dans mon pays

玛丽： 您 太客气了。
Mǎlì: Nín tài kèqi le.

王： 哪天走？我去送你。
Wáng: Nǎ tiān zǒu? Wǒ qù sòng nǐ.

玛丽： 您那么忙，不用
Mǎlì: Nín nàme máng, búyòng

送了。
sòng le.

2

刘京： 这次回国，你准备工作还是继续学习？
Liú Jīng: Zhè cì huí guó, nǐ zhǔnbèi gōngzuò háishi jìxù xuéxí?

大卫： 我打算考研究生，一边学习，一边
Dàwèi: Wǒ dǎsuàn kǎo yánjiūshēng, yìbiān xuéxí, yìbiān

工作。
gōngzuò.

刘京： 那很辛苦啊。
Liú Jīng: Nà hěn xīnkǔ a.

大卫： 没什么，我们那儿很多人都这样。
Dàwèi: Méi shénme, wǒmen nàr hěn duō rén dōu zhèyàng.

刘京： 你要回国的事，朋友们都知道了吗？
Liú Jīng: Nǐ yào huí guó de shì, péngyoumen dōu zhīdào le ma?

大卫： 有的知道，有的不知道。趁这两天有
Dàwèi: Yǒude zhīdào, yǒude bù zhīdào. Chèn zhè liǎng tiān yǒu

空儿，我去向他们告别。
kòngr, wǒ qù xiàng tāmen gào bié.

Au revoir

注释　Remarque

❶ 哪儿的话。 C'est très gentil.

用在答话里表示否定的客气话，一般用在对方表示自谦或抱歉时。

« 哪儿的话 » est une réplique en guise d'une formule de politesse. On l'utilise pour exprimer la modestie et présenter ses excuses.

三　替换与扩展　Substitutions et Extensions

1. 替换　Substitutions

(1) 你 来北京已经一年了。

他	离开上海	两年
我	起床	一刻钟
小王	去欧洲	三个月

(2) 他一边学习，一边工作。

看新闻	下载文件
跳舞	唱歌
喝茶	讨论
散步	聊天儿

(3) 朋友们有的知道，有的不知道。

同学	来	不来
老师	参加	不参加
孩子	喜欢	不喜欢

36 我要回国了 Je vais retourner dans mon pays

2. 扩展 Extensions

（1）这 两 天 我 得 去 办 各 种 手 续， 没
　　 Zhè liǎng tiān wǒ děi qù bàn gè zhǒng shǒuxù, méi
　　 时 间 去 向 你 告 别 了。请 原 谅。
　　 shíjiān qù xiàng nǐ gào bié le. Qǐng yuánliàng.

（2）有 几 位 老 朋 友 好 久 不 见 了，趁 出 差 的
　　 Yǒu jǐ wèi lǎo péngyou hǎojiǔ bújiàn le, chèn chū chāi de
　　 机 会 去 看 看 他 们。
　　 jīhuì qù kànkan tāmen.

四 生词 Nouveaux mots

1.	好久	hǎojiǔ	形	il y a longtemps
2.	向	xiàng	介	à
3.	告别	gào bié		dire au revoir
4.	打扰	dǎrǎo	动	déranger
5.	过意不去	guò yì bú qù		être désolé
6.	那么	nàme	代	dans ce cas; alors
7.	一边……一边……	yìbiān……yìbiān……		en même temps
8.	们	men	尾	*suffixe pluriel*
9.	有的	yǒude	代	certains
10.	趁	chèn	介	quand

Au revoir 173

11.	日子	rìzi	名	temps; jour
12.	已经	yǐjīng	副	déjà
13.	因为	yīnwèi	连	parce que
14.	照顾	zhàogù	动	prendre soin
15.	够	gòu	动	être assez
16.	准备	zhǔnbèi	动	préparer
17.	继续	jìxù	动	continuer
18.	打算	dǎsuàn	动/名	planifier; plan
19.	研究生	yánjiūshēng	名	master
20.	离开	lí kāi		quitter
21.	下载	xiàzài	动	télécharger
22.	聊天儿	liáo tiānr		chatter
23.	手续	shǒuxù	名	procédure
24.	老	lǎo	形	vieux
25.	机会	jīhui	名	chance

专名 Nom propre

欧洲	Ōuzhōu	Europe

36 我要回国了　Je vais retourner dans mon pays

五 语法　Grammaire

1. 时量补语（3）　Complément de temps (3)

有些动词，如"来""去""到""下（课）""离开"等加时量补语，不是表示动作的持续，而是表示从发生到某时（或说话时）的一段时间。动词后有宾语时，时量补语要放在宾语之后。例如：

Certains verbes comme «来» «去» «到» «下（课）» «离开» etc. ne signifient pas la poursuite de l'action. Ces verbes peuvent être utilisés pour indiquer l'intervalle de temps entre le début de l'action et un certain moment (ou pendant la conversation). Lorsqu'un verbe est suivi d'un complément d'objet, le complément de temps est placé derrière le complément d'objet. Par exemple:

> ① 他来北京一年了。　　② 下课十五分钟了。

2. 有的……有的……　Expression «有的……有的……»

（1）代词"有的"作定语时，常指它所修饰的名词的一部分，可以单用，也可以两三个连用。例如：

Lorsque le pronom «有的» est utilisé comme attributif, il fait souvent référence à une partie du nom qu'il modifie, Il apparaît seul ou par deux ou trois. Par exemple:

> ① 有的话我没听懂。
> ② 我们班有的同学喜欢看电影，有的（同学）喜欢听音乐，有的（同学）喜欢上网。

（2）如果所修饰的名词前面已出现过，名词也可以省略。例如：

Si le nom auquel il se réfère est déjà apparu, le nom peut être omis. Par exemple:

> ③ 他的书很多，有的是中文的，有的是法文的。

六 练习 Exercices

1. 熟读下列短语并选择几个造句 Lisez les mots suivants et construisez quelques phrases

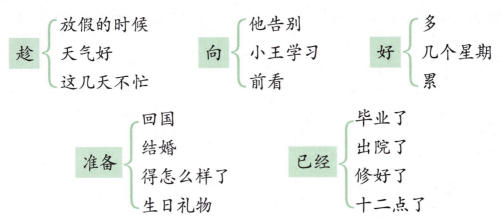

2. 选择适当的词语完成句子 Choisissez les mots appropriés pour compléter les phrases

有的　继续　撞　老　出差　够

(1) 你的病还没好，应该 ＿＿＿＿＿＿。

(2) 我饿极了，两个面包 ＿＿＿＿＿＿。

(3) 他已经五十岁了，可是看样子 ＿＿＿＿＿＿。

(4) 他 ＿＿＿＿＿＿，很少在家。

(5) 那棵小树昨天被汽车 ＿＿＿＿＿＿。

(6) 我有很多中国朋友，＿＿＿＿＿＿。

3. 给下面的词语选择适当的位置 Placez les mots entre parenthèses au bon endroit

(1) 李成日 A 离开 B 北京 C 了。（一年）

（2）他 A 去 B 医院 C 了。（两个半小时）

（3）他 A 大学 B 毕业 C 了。（两年）

（4）他 A 已经 B 起床 C 了。（半个小时）

（5）他们 A 结 B 婚 C 了。（十多年）

4. 按照实际情况回答问题 Répondre aux questions suivantes

（1）你来北京多长时间了？

（2）你什么时候中学毕业的？毕业多长时间了？

（3）你现在穿的这件衣服买了多长时间了？

（4）你离开你们国家多长时间了？

5. 完成对话 Complétez les conversations suivantes

A：小王，我要回国了。

B：_____？

A：二十号晚上走。

B：_____？

A：准备得差不多了。

B：_____？

A：不用帮忙，我自己可以。

B：_____？

A：你很忙，不用送我了。

6. 会话 Conversations

你来中国的时候向朋友告别。
Tu dis au revoir à tes amis quand tu pars pour la Chine.

提示：朋友问你学什么，学习多长时间；你问他们有没有要办的事等。

Indices: Un ami te demande ce que tu apprends. Depuis combien de temps tu l'apprends? Tu leur demandes s'ils ont quelque chose à faire.

7. 听后复述　Écoutez et répétez

明天我要去旅行。这次去的时间比较长，得去向朋友告别一下，可是老张住院了。

在北京的这些日子里，老张像家里人一样照顾我。我也常去打扰他，我觉得很过意不去。今天不能去跟他告别，我就给他发了一个长长的微信，向他问好。希望（xīwàng, espérer）我回来的时候他已经出院了。

8. 语音练习　Exercices de phonétique

(1) 常用音节练习　Lisez les syllabes suivantes

(2) 朗读会话　Séance de lecture à voix haute

A: Wáng Lán, wǒ xiàng nǐ gào bié lái le.

B: Zhēn qiǎo, wǒ zhèng yào qù kàn nǐ ne. Qǐng jìn.

A: Nǐ nàme máng, hái chángcháng zhàogù wǒ, fēicháng gǎnxiè.

B: Nǎr de huà, zhàogù de hěn bú gòu.

jiànxíng
饯行
Avoir un dîner d'adieu

37 真舍不得你们走

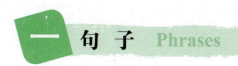

一 句子 Phrases

269
回国的日子越来越近了。
Huí guó de rìzi yuè lái yuè jìn le.
Le jour du retour approche.

270
虽然时间不长，但是我们的友谊很深。
Suīrán shíjiān bù cháng, dànshì wǒmen de yǒuyì hěn shēn.
Bien que nous ne soyons pas ensemble depuis longtemps, nous avons une profonde amitié.

271
我们把联系方式都记在手机上了。
Wǒmen bǎ liánxì fāngshì dōu jì zài shǒujī shang le.
Nous avons noté toutes les coordonnées dans nos téléphones.

272
让我们一起照张相吧！
Ràng wǒmen yìqǐ zhào zhāng xiàng ba!
Prenons une photo ensemble.

273
除了去实习的以外，都来了。
Chúle qù shíxí de yǐwài, dōu lái le.
Tout le monde est là, sauf ceux qui sont en stage.

274 | 你 用 汉语 唱 个 歌 吧。
Nǐ yòng Hànyǔ chàng ge gē ba.
Chante une chanson en chinois.

275 | 我 唱 完 就 该 你们 了。
Wǒ chàngwán jiù gāi nǐmen le.
Après ma chanson, ça sera votre tour.

276 | 真 不 知道 说 什么 好。
Zhēn bù zhīdào shuō shénme hǎo.
Je ne sais vraiment pas quoi dire.

二 会 话 Conversations

1

和子： 回 国 的 日子 越 来 越 近 了。
Hézǐ: Huí guó de rìzi yuè lái yuè jìn le.

王兰： 真 舍不得 你们 走。
Wáng Lán: Zhēn shěbude nǐmen zǒu.

大卫： 是 啊， 虽然 时间 不 长，
Dàwèi: Shì a, suīrán shíjiān bù cháng,

但是 我们 的 友谊 很 深。
dànshì wǒmen de yǒuyì hěn shēn.

玛丽： 我们 把 联系 方式 都 记 在 手机 上 了，
Mǎlì: Wǒmen bǎ liánxì fāngshì dōu jì zài shǒujī shang le,

发 微信， 视频 聊 天儿 又 快 又 方便。
fā wēixìn, shìpín liáo tiānr yòu kuài yòu fāngbiàn.

37 真舍不得你们走 — Nous regrettons votre départ

刘京： 你们还会有机会来中国的。
Liú Jīng: Nǐmen hái huì yǒu jīhuì lái Zhōngguó de.

和子： 要是来北京，一定来看你们。
Hézǐ: Yàoshi lái Běijīng, yídìng lái kàn nǐmen.

大卫： 让我们一起照张相吧！
Dàwèi: Ràng wǒmen yìqǐ zhào zhāng xiàng ba!

玛丽： 好，多照几张，留作纪念。
Mǎlì: Hǎo, duō zhào jǐ zhāng, liú zuò jìniàn.

2

玛丽： 参加欢送会的人真多。
Mǎlì: Cānjiā huānsònghuì de rén zhēn duō.

刘京： 除了去实习的以外，都来了。
Liú Jīng: Chúle qù shíxí de yǐwài, dōu lái le.

和子： 开始演节目了。
Hézǐ: Kāishǐ yǎn jiémù le.

大卫： 玛丽，你用汉语唱个歌吧。
Dàwèi: Mǎlì, nǐ yòng Hànyǔ chàng ge gē ba.

玛丽： 我唱完就该你们了。
Mǎlì: Wǒ chàngwán jiù gāi nǐmen le.

王兰： 各班的节目很多，很精彩。
Wáng Lán: Gè bān de jiémù hěn duō, hěn jīngcǎi.

和子： 同学和老师这么
Hézǐ: Tóngxué hé lǎoshī zhème

热情地欢送我们，
rèqíng de huānsòng wǒmen,

真 不 知道 说 什么 好。
zhēn bù zhīdào shuō shénme hǎo.

刘京： 祝 贺 你们 取 得 了 好 成 绩。
Liú Jīng: Zhùhè nǐmen qǔdéle hǎo chéngjì.

王兰： 祝 你们 更 快 地 提高
Wáng Lán: Zhù nǐmen gèng kuài de tígāo

中 文 水 平。
Zhōngwén shuǐpíng.

替换与扩展　Substitutions et Extensions

1. 替换　Substitutions

(1) 回国的日子越来越近了。

他的发音	好
旅游的人	多
他的技术水平	高
北京的天气	暖和

(2) 虽然时间不长，
但是我们的友谊
很深。

年纪很大	身体很好
路比较远	交通比较方便
学习的时间很短	提高得很快

(3) 我们把联系方式都
记在手机上了。

字	写	黑板上
汽车	停	停车场
地图	挂	墙上
通知	贴	黑板左边

37 真舍不得你们走 — Nous regrettons votre départ

2. 扩展 Extensions

（1）他 除了 法语 以外，别 的 语言 都 不 会。
　　　Tā chúle Fǎyǔ yǐwài, bié de yǔyán dōu bú huì.

（2）这 次 篮球 比赛 非常 精彩，你 没 去 看，真 可惜。
　　　Zhè cì lánqiú bǐsài fēicháng jīngcǎi, nǐ méi qù kàn, zhēn kěxī.

四 生词 Nouveaux mots

1.	越来越……	yuè lái yuè……		de plus en plus
2.	虽然……但是……	suīrán……dànshì……		bien que...
3.	深	shēn	形	profonde
4.	方式	fāngshì	名	méthode
5.	记	jì	动	noter
6.	实习	shíxí	动	stage
7.	该	gāi	动	devoir
8.	舍不得	shěbudé	动	ne pas vouloir se séparer de quelque chose…
9.	视频	shìpín	名	vidéo
10.	欢送会	huānsònghuì	名	fête d'adieu
11.	节目	jiémù	名	programme
12.	精彩	jīngcǎi	形	excellent
13.	热情	rèqíng	形	enthousiaste

14.	欢送	huānsòng	动	dire adieu
15.	取得	qǔdé	动	recevoir
16.	旅游	lǚyóu	动	voyager
17.	水平	shuǐpíng	名	niveau
18.	年纪	niánjì	名	âge
19.	黑板	hēibǎn	名	tableau noir
20.	右边	yòubian	名	droite
21.	墙	qiáng	名	mur
22.	贴	tiē	动	coller
23.	左边	zuǒbian	名	gauche

五 语法 Grammaire

1. "虽然……但是……" 复句　　Phrase avec «虽然……但是……»

关联词"虽然"和"但是（可是）"可以构成表示转折关系的复句。"虽然"放在第一分句的主语前或主语后，"但是（可是）"放在第二分句句首。例如：

Les conjonctions «虽然» et «但是» (ou «可是») peuvent être utilisées pour former des phrases composées qui exprime une opposition. «虽然» est placé avant ou après le sujet de la première partie de la phrase composée, «但是» ou «可是» est placé au début de la deuxième partie. Par exemple:

① 虽然下雪，但是天气不太冷。
② 今天我虽然很累，但是玩儿得很高兴。
③ 虽然他没来过北京，可是对北京的情况知道得很多。

2. "把"字句（2）　Phrase avec «把» (2)

（1）如果要说明受处置的事物或人通过动作处于某处，必须用"把"字句。例如：
La phrase avec «把» peut exprimer l'action où l'on déplace ou pose quelque chose à tel ou tel endroit. Par exemple:

> ① 我们把联系方式记在手机上了。
> ② 我把啤酒放进冰箱里了。
> ③ 他把汽车开到学校门口了。

（2）说明受处置的事物通过动作交给某一对象时，在一定条件下也要用"把"字句。例如：
Dans certains cas, la phrase avec «把» exprime l'action où on transmet quelque chose à telle ou telle personne. Par exemple:

> ④ 我把钱交给那个售货员了。
> ⑤ 把这些饺子留给大卫吃。

六 练习 Exercices

1. 选词填空　Complétez les phrases avec les mots appropriés

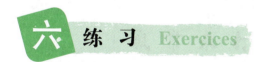

舍不得　　精彩　　该　　机会　　记　　热情

（1）昨天的游泳比赛很_____，运动员的水平很高。

（2）我都站了一个小时了，现在我们_____坐一会儿了。

（3）来中国学习是很好的_____，我一定好好儿学习。

（4）我的联系方式你都_____下来了吧？

（5）那个饭店的服务员很_____。

（6）这块蛋糕她_____吃，因为妹妹喜欢吃，她要留给妹妹。

2. 仿照例子，用"越来越……"改写句子 Utilisez la structure «越来越……» pour reconstruire les phrases suivantes

例 Exemple 刚才雪很大，现在更大。→ 雪（下得）越来越大了。

（1）冬天快过去了，天气慢慢地暖和了。

→ _____

（2）他的汉语比刚来的时候好多了。

→ _____

（3）张老师的小女儿一年比一年漂亮。

→ _____

（4）参加欢送会的人比刚开始的时候多了。

→ _____

（5）大家讨论以后，这个问题比以前清楚了。

→ _____

3. 用所给词语造"把"字句 Faites des phrases avec «把»

例 Exemple 汽车　停　九号楼前边 → 他把汽车停在九号楼前边了。

（1）名字　写　本子上 → _____

（2）手机　放　桌子上 → _____

（3）钱包　忘　家里 → _____

（4）衬衫　挂　衣柜里 → _____

4. 完成对话　Complétez les conversations suivantes

A：小张，你要去法国留学了，祝你顺利！

B：祝你学习＿＿＿＿＿＿＿＿＿＿＿＿＿！

张：谢谢你们！为＿＿＿＿＿＿＿＿＿＿＿干杯！

A：＿＿＿＿＿＿＿＿＿＿＿＿＿。

张：我一到那儿就给你们打电话。

B：＿＿＿＿＿＿＿＿＿＿＿＿＿。

张：我一定注意身体。谢谢！

5. 会话　Conversations

说说开茶话会欢送朋友回国的情况。
Parle d'un dîner d'adieu pour des amis qui vont rentrer chez eux.

提示：一边喝茶一边谈话，你对朋友说些什么，朋友说些什么。
Indices：Vous buvez du thé et discutez en même temps, imaginez ce que tu dis à tes amis et ce que tes amis disent.

6. 听后复述　Écoutez et répétez

　　我在这儿学了三个月汉语，下星期一要回国了。虽然我在中国的时间不长，可是认识了不少中国朋友和别的国家的朋友。我们的友谊越来越深。我真舍不得离开他们。要是以后有机会，我一定会再来中国。

7. 语音练习　Exercices de phonétique

(1) 常用音节练习　Lisez les syllabes suivantes

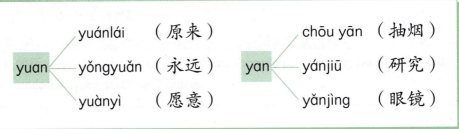

(2) 朗读会话　Séance de lecture à voix haute

A: Míngtiān wǒmen gěi Lǐ Hóng kāi ge huānsònghuì ba.

B: Duì, tā chū guó shíjiān bǐjiào cháng.

C: Děi zhǔnbèi yìxiē shuǐguǒ hé lěngyǐn.

A: Bié wàngle zhào xiàng.

B: Yě bié wàngle liú tā de liánxì fāngshì.

tuōyùn
托运
Enregistrement
des bagages

38 这儿托运行李吗
Les bagages peuvent-ils être enregistrés ici

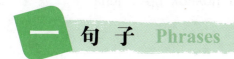

一 句 子 Phrases

277
可以海运，不但省钱，而且很方便。
Kěyǐ hǎiyùn, búdàn shěng qián, érqiě hěn fāngbiàn.
On peut envoyer par transport maritime, c'est non seulement bon marché, mais aussi pratique.

278
我记不清楚了。 Je ne me souviens pas très bien.
Wǒ jì bu qīngchu le.

279
请问，你们托运行李吗？
Qǐngwèn, nǐmen tuōyùn xíngli ma?
S'il vous plaît, les bagages peuvent-ils être enregistrés ici?

280
运费怎么算？
Yùnfèi zěnme suàn?
Comment on calcule les frais d'expédition?

281
按（照）重量或按体积收费都行。
Àn (zhào) zhòngliàng huò àn tǐjī shōu fèi dōu xíng.
Cela dépendra du poids ou du volume.

282
你把东西运来吧。
Nǐ bǎ dōngxi yùnlai ba.
Envoie tes bagages ici.

283 | 我的行李很大，一个人搬不动。
Wǒ de xíngli hěn dà, yí ge rén bān bu dòng.
Mes bagages sont trop grands que je ne peux pas les déplacer seul.

284 | 为了方便顾客，我们也可以去取。
Wèile fāngbiàn gùkè, wǒmen yě kěyǐ qù qǔ.
Nous pouvons prendre les bagages de nos clients.

二 会话 Conversations

1

刘京：你这么多行李，坐飞机的话，一定超重。
Liú Jīng: Nǐ zhème duō xíngli, zuò fēijī dehuà, yídìng chāo zhòng.

和子：那怎么办？
Hézǐ: Nà zěnme bàn?

王兰：可以海运，不但省钱，而且很方便。
Wáng Lán: Kěyǐ hǎiyùn, búdàn shěng qián, érqiě hěn fāngbiàn.

刘京：对，海运比较便宜。
Liú Jīng: Duì, hǎiyùn bǐjiào piányi.

和子：海运要多长时间？
Hézǐ: Hǎiyùn yào duō cháng shíjiān?

38 这儿托运行李吗 Les bagages peuvent-ils être enregistrés ici

刘京：我记不清楚了，打
Liú Jīng: Wǒ jì bu qīngchu le, dǎ

电话问问客服吧。
diànhuà wènwen kèfú ba.

和子：好，现在我就打电话。
Hézǐ: Hǎo, xiànzài wǒ jiù dǎ diànhuà.

2 （和子给邮局客服人员打电话）

和子：请问，你们托运行李吗？
Hézǐ: qǐngwèn, nǐmen tuōyùn xíngli ma?

客服人员：托运。你要运到哪儿？
Kèfú rényuán: Tuōyùn. Nǐ yào yùndào nǎr?

和子：日本。要多长时间？
Hézǐ: Rìběn. Yào duō cháng shíjiān?

客服人员：大概一个多月。
Kèfú rényuán: Dàgài yí ge duō yuè.

和子：运费怎么算？
Hézǐ: Yùnfèi zěnme suàn?

客服人员：按照这个价目表收费，一般按（照）
Kèfú rényuán: Ànzhào zhège jiàmùbiǎo shōu fèi, yìbān àn (zhào)

重量或按（照）体积都行。你把东西
zhòngliang huò àn (zhào) tǐjī dōu xíng. Nǐ bǎ dōngxi

运来吧。
yùnlai ba.

和子：我 的 行李 很 大，一个人 搬 不 动。
Hézǐ: Wǒ de xíngli hěn dà, yí ge rén bān bu dòng.

客服人员：没 关 系，为 了 方便 顾客，我们 也 可 以
Kèfú rényuán: Méi guānxi, wèile fāngbiàn gùkè, wǒmen yě kěyǐ

去 取。
qù qǔ.

和子：那 太 好 了！
Hézǐ: Nà tài hǎo le!

三 替换与扩展 Substitutions et Extensions

1. 替换 Substitutions

(1) 坐飞机的话，
　　你的行李
　　一定超重。

开车	你们	要注意安全
下雪	路上	很滑
放假	他们	去旅行

(2) 我记不清楚了。

| 做 | 完 | 洗 | 干净 |
| 搬 | 动 | 去 | 了 |

(3) 你可以把东西运来。

王大夫	请来
这个包	带去
修好的手表	取来

38 这儿托运行李吗 Les bagages peuvent-ils être enregistrés ici

2. 扩展　Extensions

（1）一个月的水费、电费、房费不少。
　　 Yí ge yuè de shuǐfèi、diànfèi、fángfèi bù shǎo.

（2）以前我在国际交流中心见过他。
　　 yǐqián wǒ zài Guójì Jiāoliú Zhōngxīn jiànguo tā.

（3）我打听一下儿，明天大使馆办公不
　　 Wǒ dǎting yíxiàr, míngtiān dàshǐguǎn bàn gōng bu

办公？
bàn gōng?

四．生词　Nouveaux mots

1.	托运	tuōyùn	动	enregistrer (des bagages)
2.	海运	hǎiyùn	动	transport maritime
3.	不但……而且……	búdàn……érqiě……		non seulement…mais aussi…
4.	运费	yùnfèi	名	frais de transport
5.	算	suàn	动	calculer
6.	按（照）	ànzhào	介	selon
7.	运	yùn	动	transporter
8.	搬	bān	动	déplacer
9.	动	dòng	动	bouger
10.	为了	wèile	介	pour
11.	顾客	gùkè	名	client

12.	取	qǔ	动	prendre
13.	的话	dehuà	助	*particule modale à la fin d'une condition*
14.	超重	chāo zhòng		surcharger
15.	国际	guójì	形	international
16.	交流	jiāoliú	动	échanger
17.	中心	zhōngxīn	名	centre
18.	打听	dǎting	动	demander des renseignements
19.	大使馆	dàshǐguǎn	名	ambassade
20.	办公	bàn gōng		travailler

五 语法 Grammaire

1. "不但……而且……" 复句　　Phrase avec « 不但……而且…… »

"不但……而且……"表示递进关系。如果两个复句的主语相同，"不但"放在第一分句的主语之后；如果两个分句的主语不同，"不但"放在第一分句的主语之前。例如：

« 不但……而且…… » est une locution qui apporte des informations supplémentaires. Si la phrase n'a qu'un sujet, « 不但 » se place derrière le sujet de la première partie. Si le phrase a deux sujets, « 不但 » se place devant le sujet de la première partie. Par exemple:

① 他不但是我的老师，而且也是我的朋友。

② 这个行李不但大，而且很重。

③ 不但他会法语，而且小王和小李也会法语。

38 这儿托运行李吗 Les bagages peuvent-ils être enregistrés ici

2. 能愿动词在"把"字句中的位置　Position des verbes modaux dans la phrase avec «把»

能愿动词都放在介词"把"的前边。例如：
En général, le verbe modal précède la préposition «把». Par exemple:

> ① 我可以把照相机带来。
> ② 晚上有大风，应该把窗户关好。

3. "动"作可能补语　Le verbe «动» comme complément de potentialté

动词"动"作可能补语，表示有力量做某事。例如：
Le verbe «动» pris pour le complément de potentialité indique que quelqu'un est capable de faire quelque chose. Par exemple:

> ① 这只箱子不重，我拿得动。
> ② 走了很多路，我现在走不动了。
> ③ 这个行李太重了，一个人搬不动。

六　练　习　Exercices

1. 用动词加可能补语填空　Complétez les phrases avec les compléments de potentialité appropriés

(1) 天太黑，我＿＿＿＿＿黑板上的字。

(2) 这张桌子很重，我一个人＿＿＿＿＿。

(3) 我的中文水平不高，还＿＿＿＿＿中文小说。

(4) 从这儿海运到东京，一个月＿＿＿＿＿吗？

(5) 这本杂志，你一个星期 _____ 吗？

(6) 我们只见过一面，他的名字我 _____ 。

2. 用"不但……而且……"完成句子　Utilisez la structure «不但……而且……» pour compléter les phrases

(1) 那儿不但名胜古迹很多，_____ 。

(2) 抽烟 _____ ，而且对别人的身体也不好。

(3) 他不但会说汉语，_____ 。

(4) 昨天在欢送会上不但 _____ ，而且别的班的同学也都演了节目。

3. 用"为了"完成句子　Complétez les phrases en utilisant «为了»

(1) _____ ，我要去旅行。

(2) _____ ，我们要多听多说。

(3) _____ ，你别骑快车了。

(4) _____ ，我买了一张画儿。

4. 完成对话　Complétez les conversations suivantes

A：_____ ？

B：我要托运行李。

A：_____ ？

B：运到上海。

A：_____ ？

B：七八天。

A：运费贵吗？

B：_____。

A：你拿得动吗？要不要我帮忙？

B：_____。

5. 会话　Conversations

去邮局寄快递。与营业员对话。
Va à la poste pour envoyer ton coli et parle avec l'employé de la poste.

提示：东西是不是超重、邮费是多少、多长时间能到。
Indices: Tu demandes si ton colis est en surpoids, quel est le tarif postal et quand arrivera-t-il.

6. 听后复述　Écoutez et répétez

小刘要去韩国，他不知道可以托运多少行李。小张去过法国，去法国和去韩国一样，可以托运二十千克（qiānkè, kilogramme）的行李，还可以带一个五千克的小包。小刘东西比较多，小张让他海运，海运可以寄很多，而且比较便宜。小刘觉得这是个好主意（zhúyi, idée）。

7. 语音练习　Exercices de phonétique

(1) 常用音节练习　Lisez les syllabes suivantes

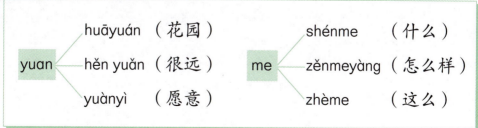

(2) 朗读会话　Séance de lecture à voix haute

A: Xiǎojiě, wǒ yào jì shū, hǎiyùn.

B: Wǒ kànkan. À, chāo zhòng le.

A: Yì bāo kěyǐ jì duōshao?

B: Wǔ qiānkè.

A: Wǒ náchu jǐ běn lai ba.

B: Hǎo.

sòngxíng
送行（1）
Accompagner le départ de quelqu'un (1)

39 不能送你去机场了

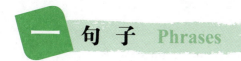

Je ne peux pas t'emmener à l'aéroport

一 句子 Phrases

285
你准备得怎么样了？
Nǐ zhǔnbèi de zěnmeyàng le?
Comment sont tes préparations?

286
你还有什么没办的事，我可以替你办。
Nǐ hái yǒu shénme méi bàn de shì, wǒ kěyǐ tì nǐ bàn.
Si tu as quelque chose d'autre à faire, je pourrai la faire pour toi.

287
这几本书我想送给朋友，来不及叫快递了。
Zhè jǐ běn shū wǒ xiǎng sòng gěi péngyou, láibují jiào kuàidì le.
J'ai des livres pour mes amis, mais je n'ai pas le temps de les envoyer.

288
我正等着你呢！
Wǒ zhèng děngzhe nǐ ne!
Je suis en train de t'attendre là!

289
你的东西收拾好了吗？
Nǐ de dōngxi shōushi hǎo le ma?
Tu as fini de ranger toutes tes affaires?

290　出门跟在家不一样①，麻烦事就是多。
　　　Chū mén gēn zài jiā bù yíyàng, máfanshì jiù shì duō.
　　　Faire des voyages n'est pas comme être à la maison, on peut avoir beaucoup d'ennuis.

291　四个小包不如两个大包好。
　　　Sì ge xiǎo bāo bùrú liǎng ge dà bāo hǎo.
　　　Deux grandes valises sont plus pratiques que quatre petites.

292　又给你添麻烦了。
　　　Yòu gěi nǐ tiān máfan le.
　　　Je suis désolé de t'avoir encore causé des ennuis.

二　会话　Conversations

1

王兰：准备得怎么样了？
Wáng Lán: Zhǔnbèi de zěnmeyàng le?

玛丽：我正收拾东西呢。
Mǎlì: Wǒ zhèng shōushi dōngxi ne.

　　　你看，多乱啊！
　　　Nǐ kàn, duō luàn a!

王兰：路上要用的东西
Wáng Lán: Lùshang yào yòng de dōngxi

　　　放在手提包里，这样用起来方便②。
　　　fàng zài shǒutíbāo li, zhèyàng yòng qilai fāngbiàn.

39 不能送你去机场了 Je ne peux pas t'emmener à l'aéroport

玛丽： 对。我随身带的东西不太多，两个箱子
Mǎlì: Duì. Wǒ suíshēn dài de dōngxi bú tài duō, liǎng ge xiāngzi

都已经托运了。
dōu yǐjīng tuōyùn le.

王兰： 真抱歉，我不能送你去机场了。
Wáng Lán: Zhēn bàoqiàn, wǒ bù néng sòng nǐ qù jīchǎng le.

玛丽： 没关系。你忙吧。
Mǎlì: Méi guānxi. Nǐ máng ba.

王兰： 你还有什么没办的事，我可以替你办。
Wáng Lán: Nǐ hái yǒu shénme méi bàn de shì, wǒ kěyǐ tì nǐ bàn.

玛丽： 这几本书我想送给朋友，来不及叫
Mǎlì: Zhè jǐ běn shū wǒ xiǎng sòng gěi péngyou, láibují jiào

快递了。
kuàidì le.

王兰： 发短信或者微信把地址告诉我，我帮
Wáng Lán: Fā duǎnxìn huòzhě wēixìn bǎ dìzhǐ gàosu wǒ, wǒ bāng

你发快递给她。
nǐ fā kuàidì gěi tā.

2

大卫： 你来了，我正等着你呢！
Dàwèi: Nǐ lái le, wǒ zhèng děngzhe nǐ ne!

刘京： 你的东西收拾好了吗？
Liú Jīng: Nǐ de dōngxi shōushi hǎo le ma?

大卫： 马马虎虎。这次又坐火车又坐飞机，
Dàwèi: Mǎmǎhūhū. Zhè cì yòu zuò huǒchē yòu zuò fēijī,

特别麻烦。
tèbié máfan.

刘京：是啊，出门跟在家不一样，麻烦事就
Liú Jīng: Shì a, chū mén gēn zài jiā bù yíyàng, máfanshì jiù

是多。这几个包都是要带走的吗？
shì duō. Zhè jǐ ge bāo dōu shì yào dàizǒu de ma?

大卫：是的，都很轻。
Dàwèi: Shì de, dōu hěn qīng.

刘京：四个小包不如两个大包好。
Liú Jīng: Sì ge xiǎo bāo bùrú liǎng ge dà bāo hǎo.

大卫：好主意！
Dàwèi: Hǎo zhúyi!

刘京：我帮你重新弄弄吧。
Liú Jīng: Wǒ bāng nǐ chóngxīn nòngnong ba.

大卫：又给你添麻烦了。
Dàwèi: Yòu gěi nǐ tiān máfan le.

刘京：哪儿的话。
Liú Jīng: Nǎr de huà.

大卫：另外，要是有我的信，请转给我。
Dàwèi: Lìngwài, yàoshi yǒu wǒ de xìn, qǐng zhuǎn gěi wǒ.

刘京：没问题。
Liú Jīng: Méi wèntí.

39 不能送你去机场了 Je ne peux pas t'emmener à l'aéroport

注释 Remarques

❶ 出门跟在家不一样。 Faire des voyages n'est pas comme être à la maison.
这里的"出门"是指离家远行。
«出门» ici signifie faire un voyage loin de chez soi.

❷ 这样用起来方便。 C'est commode..
"用起来"的意思是"用的时候"。
« 用起来 » signifie "lorsqu'il est utilisé".

三 替换与扩展 Substitutions et Extensions

1. 替换 Substitutions

(1) 星期六或者星期天
  我替你去取照片。

哥哥	我	报名
我	妈妈	接人
我	朋友	交电费

(2) 四个小包不如
  两个大包好。

这种鞋	那种鞋	结实
这条街	那条街	安静
这种茶	那种茶	好喝

(3) 你还有什么没办的事,
  我可以替你办。

不了解的情况	向你介绍
不懂的词	帮你翻译
没买的东西	帮你买

2. 扩展　Extensions

（1）我 走进病房看他的时候，他 正 安静
　　 Wǒ zǒujìn bìngfáng kàn tā de shíhou, tā zhèng ānjìng

　　 地 躺着 呢。
　　 de tǎngzhe ne.

（2）离开车还有十 分钟，我来不及回去关 门
　　 Lí kāi chē hái yǒu shí fēnzhōng, wǒ láibují huíqu guān mén

　　 了，麻烦你替我 关 一下儿。
　　 le, máfan nǐ tì wǒ guān yíxiàr.

四　生词　Nouveaux mots

1.	替	tì	介	pour
2.	叫	jiào	动	appeler
3.	不如	bùrú	动	être moins bien que
4.	添	tiān	动	donner; additionner
5.	乱	luàn	形	désordonné
6.	手提包	shǒutíbāo	名	sac à main
7.	随身	suíshēn	形	porter avec soi
8.	或者	huòzhě	连	ou
9.	特别	tèbié	副	spécialement
10.	轻	qīng	形	léger
11.	主意	zhúyi	名	idée

12.	重新	chóngxīn	副	encore; de nouveau
13.	另外	lìngwài	连/副	à part cela
14.	转	zhuǎn	动	transférer
15.	报名	bào míng		s'inscrire
16.	鞋	xié	名	chaussures
17.	结实	jiēshi	形	solide
18.	街	jiē	名	route
19.	安静	ānjìng	形	silence
20.	了解	liǎojiě	动	comprendre
21.	病房	bìngfáng	名	chambre de patient

五 语法 Grammaire

1. 动作的持续与进行　La suite et la progression d'une action

动作的持续一般也就意味着动作正在进行，所以"着"常和"正在""正""在""呢"等词连用。例如：

L'action en cours indique généralement que l'action est en train de se passer. Par conséquent, le mot «着» est souvent utilisé avec le mot «正在» «正» «在» «呢». Par exemple:

① 我正等着你呢。　　② 外边下着雨呢。

③ 我去的时候，他正躺着看书呢。

2. 用"不如"表示比较 Expression de comparaison utilisant «不如»

"A 不如 B"的意思是"A 没有 B 好"。例如：

«A 不如 B» signifie que A est moins bien que B. Par exemple:

① 我的汉语水平不如他高。　② 这个房间不如那个房间干净。

六 练习 Exercices

1. 用"还是"或"或者"填空 Complétez les phrases avec «还是» ou «或者»

（1）你这星期走＿＿＿＿下星期走？

（2）你坐飞机去＿＿＿＿坐火车去？

（3）今天＿＿＿＿明天，我去看你。

（4）这次旅行，我们先去上海＿＿＿＿先去桂林？

（5）我们走着去＿＿＿＿骑自行车去，别坐公共汽车，公共汽车人太多。

（6）现在，我们收拾行李＿＿＿＿去和同学们告别？

2. 用"不如"改写下面的句子 Changez les phrases suivantes en utilisant «不如»

（1）她的手提包比我的漂亮。

　　→ ＿＿＿＿＿＿＿＿＿＿＿＿＿＿＿＿＿＿＿＿＿＿

（2）北京的春天冷，我们那儿的春天暖和。

　　→ ＿＿＿＿＿＿＿＿＿＿＿＿＿＿＿＿＿＿＿＿＿＿

（3）那个公园的人太多，这个公园安静。

　　→ ＿＿＿＿＿＿＿＿＿＿＿＿＿＿＿＿＿＿＿＿＿＿

39 不能送你去机场了 Je ne peux pas t'emmener à l'aéroport

(4) 你的主意好，小王的主意不太好。

→ _____

3. 用"替"完成句子 Utilisez «替» pour compléter les phrases suivantes

(1) 今天有我一个快递，可是现在我有事。你寄快递的话，请 _____，好吗？

(2) 我也喜欢这种糖，你去买东西的时候，_____。

(3) 现在我出去一下儿，要是有电话来 _____。

(4) 我头疼，不去上课了，你看见老师的时候，_____。

4. 完成对话 Complétez les conversations suivantes

A：小刘，你去广州出差，_____？

刘：是的，_____？

B：没事。广州比这儿热得多，你要 _____！

刘：谢谢！_____，给你们带一些水果。

A：不用了，这儿 _____。

刘：不一样，这儿的 _____ 新鲜（xīnxiān, frais）。

B：那先谢谢你了！

5. 会话 Conversations

你的中国朋友要去你们国家留学，你去宿舍看他/她，两人会话。
Ton ami chinois va étudier dans ton pays. Tu vas dans son dortoir et parles avec lui.

提示：准备的情况怎样，需要什么帮助，介绍你们国家的一些情况。
Indices: Comment sont ses préparatifs et s'il a besoin d'aide? Présente-lui quelques informations sur ton pays.

6. 听后复述 Écoutez et répétez

尼娜今天要回国，我们去她的宿舍看她。她把行李都收拾好了，正等出租车呢。我看见墙上还挂着她的大衣，问她是不是忘了，她说不是，走的时候再穿。问她没用完的人民币换了没有，她说到机场换。这样我们就放心了。出租车一到，我们就帮她拿行李，送她上了车。

7. 语音练习 Exercices de phonétique

(1) 常用音节练习　Lisez les syllabes suivantes

(2) 朗读会话　Séance de lecture à voix haute

A: À, nǐmen dōu zài zhèr ne!

B: Wǒmen yě shì gāng lái.

C: Nǐmen dōu lái gěi wǒ sòng xíng, zhēn guò yì bú qù.

B: Lǎo péngyou bù néng bú sòng.

A: Shì a, zhēn shěbudé nǐ.

C: Xièxie dàjiā.

A、B: Zhù nǐ yílù (toute la route) shùnlì!

sòngxíng
送行（2）
Accompagner le départ de quelqu'un (2)

40 祝你一路平安

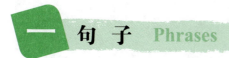
Je te souhaite un bon voyage

一　句　子　Phrases

293
离起飞还早呢。
Lí qǐfēi hái zǎo ne.
Le décollage est encore loin.

294
你快坐下，喝点儿冷饮吧。
Nǐ kuài zuòxia, hē diǎnr lěngyǐn ba.
Assieds-toi et prends une boisson froide.

295
你没把护照放在箱子里吧？
Nǐ méi bǎ hùzhào fàng zài xiāngzi li ba?
Tu n'as pas mis ton passeport dans ta valise j'espère ?

296
一会儿还要办出境手续呢。
Yíhuìr hái yào bàn chū jìng shǒuxù ne.
Dans un moment, je dois faire des papiers pour aller à l'étranger.

297
一路上多保重。
Yílù shang duō bǎozhòng.
Prends soin de toi-même.

298
希望你常跟我们联系。
Xīwàng nǐ cháng gēn wǒmen liánxì.
J'espère que tu resteras en contact avec nous.

299
你可别把我们忘了。　Surtout ne nous oublie pas.
Nǐ kě bié bǎ wǒmen wàng le.

300 | 我 到 了 那儿，就 给 你们 发 微信。
Wǒ dàole nàr, jiù gěi nǐmen fā wēixìn.
Je vous enverrai un message sur WeChat quand je serai arrivé.

301 | 祝 你 一路 平安！ Je te souhaite un bon voyage!
Zhù nǐ yílù píng'ān!

二 会 话 Conversations

1

刘京：离 起飞 还 早 呢。
Liú Jīng: Lí qǐfēi hái zǎo ne.

玛丽：我们 去 候机室 坐 一会儿。
Mǎlì: Wǒmen qù hòujīshì zuò yíhuìr.

王兰：张 丽英 还 没 来。
Wáng Lán: Zhāng Lìyīng hái méi lái.

刘京：你 看，她 跑 来 了。
Liú Jīng: Nǐ kàn, tā pǎolai le.

丽英：车 太 挤，耽误 了 时间，我 来 晚 了。
Lìyīng: Chē tài jǐ, dānwule shíjiān, wǒ láiwǎn le.

刘京：不 晚，你 来 得 正 合适。
Liú Jīng: Bù wǎn, nǐ lái de zhèng héshì.

王兰：哎呀，你 跑 得 都 出 汗 了。
Wáng Lán: Āiyā, nǐ pǎo de dōu chū hàn le.

40 祝你一路平安

玛丽：快坐下，喝点儿冷饮吧。
Mǎlì: Kuài zuòxia, hē diǎnr lěngyǐn ba.

刘京：你没把护照放在箱子里吧？
Liú Jīng: Nǐ méi bǎ hùzhào fàng zài xiāngzi li ba?

玛丽：我随身带着呢。
Mǎlì: Wǒ suíshēn dài zhe ne.

王兰：你该进去了。
Wáng Lán: Nǐ gāi jìnqu le.

丽英：一会儿还要办出境手续呢。
Lìyīng: Yíhuìr hái yào bàn chū jìng shǒuxù ne.

2

王兰：给你行李，拿好。准备海关检查。
Wáng Lán: Gěi nǐ xíngli, náhǎo. Zhǔnbèi hǎiguān jiǎnchá.

丽英：一路上多保重。
Lìyīng: Yílù shang duō bǎozhòng.

刘京：希望你常跟我们联系。
Liú Jīng: Xīwàng nǐ cháng gēn wǒmen liánxì.

王兰：你可别把我们忘了。
Wáng Lán: Nǐ kě bié bǎ wǒmen wàng le.

玛丽：不会的。我到了那儿
Mǎlì: Bú huì de. Wǒ dàole nàr

就给你们发微信。
jiù gěi nǐmen fā wēixìn.

刘京：向你全家人问好！
Liú Jīng: Xiàng nǐ quánjiārén wèn hǎo!

王兰：问 安妮小姐好！
Wáng Lán: Wèn Ānnī xiǎojiě hǎo!

大家：祝你一路平安！
Dàjiā: Zhù nǐ yílù píng'ān!

玛丽：再见了！
Mǎlì: Zàijiàn le!

大家：再见！
Dàjiā: Zàijiàn!

替换与扩展 Substitutions et Extensions

1. 替换 Substitutions

(1) 你没把护照放在箱子里吧？

帽子	忘	汽车上
钥匙	锁	房间里
牛奶	放	冰箱里

(2) 你可别把我们忘了。

这件事	耽误
这支笔	丢
那句话	忘

(3) 希望你常来信。

| 认真学习 |
| 好好儿考虑 |
| 继续进步 |
| 努力工作 |

40 祝你一路平安 Je te souhaite un bon voyage

2. 扩展 Extensions

（1）今天我们下了班就去看展览了。
　　　Jīntiān wǒmen xiàle bān jiù qù kàn zhǎnlǎn le.

（2）昨天我没上班，我去接朋友了。我去
　　　Zuótiān wǒ méi shàng bān, wǒ qù jiē péngyou le. Wǒ qù
　　　的时候，他正在办入境手续。
　　　de shíhou, tā zhèngzài bàn rù jìng shǒuxù.

四　生词　Nouveaux mots

1.	冷饮	lěngyǐn	名	boissons froides
2.	出境	chū jìng		partir pour l'étranger
3.	一路	yílù	名	tout le chemin
4.	保重	bǎozhòng	动	prendre soin
5.	希望	xīwàng	动/名	espérer; espoir
6.	可	kě	副	utilisé pour souligner quelque chose
7.	平安	píng'ān	形	sécurité; paix
8.	候机室	hòujīshì	名	salle d'attente
9.	跑	pǎo	动	courir
10.	挤	jǐ	形/动	serré; se presser
11.	耽误	dānwu	动	attarder
12.	合适	héshì	形	approprié
13.	汗	hàn	名	sueur

14.	海关	hǎiguān	名	douanes
15.	问好	wèn hǎo		dire bonjour
16.	帽子	màozi	名	chapeau
17.	牛奶	niúnǎi	名	lait
18.	认真	rènzhēn	形	sérieux
19.	考虑	kǎolǜ	动	penser
20.	进步	jìnbù	动	progresser
21.	努力	nǔlì	形	diligent
22.	下班	xià bān		sortir du travail
23.	展览	zhǎnlǎn	动/名	présentation; exposition
24.	上班	shàng bān		commencer le travail
25.	入境	rù jìng		entrer dans un pays

五 语法 Grammaire

1. "把"字句（3） Phrase avec «把» (3)

（1）"把"字句的否定形式是在"把"之前加否定副词"没"或"不"。例如：
La forme négative de la phrase «把» est formée avec l'ajout de l'adverbe négatif «不» ou «没» avant «把». Par exemple:

① 安娜没把这课练习做完。

② 他没把那件事告诉小张。

③ 今天晚上不把这本小说看完，我就不休息。

④ 你不把书带来怎么上课？

40 祝你一路平安　Je te souhaite un bon voyage

（2）如有时间状语，也必须放在"把"之前。例如：
Le complément de temps précède «把». Par exemple:

> ⑤ 我明天一定把照片带来。
> ⑥ 小王昨天没把开会的时间通知大家。

2. ……了……就……　Expression «……了……就……» (dès que...; alors...)

表示一个动作完成紧接着发生第二个动作。例如：
«……了……就……» Indique qu'une action se produit tout de suite après l'achèvement d'une autre action. Par exemple:

> ① 昨天我们下了课就去参观了。
> ② 他吃了饭就去外边散步了。
> ③ 明天我吃了早饭就去公园。

六 练 习　Exercices

1. 熟读下列短语并选择几个造句　Répétez plusieurs fois les locutions ci-dessous et en choisissez quelques-unes pour construire des phrases.

耽误学习	进步很大	很合适	努力工作
耽误时间	有进步	不合适	很努力
耽误了两天课	学习进步	合适的时间	继续努力

2. 用"希望"完成句子　Complétez les phrases suivantes en utilisant «希望»

（1）这次考试_____。

（2）你回国以后_____。

（3）你在医院要听大夫的话，好好儿休息，_____。

（4）爸爸妈妈都_____。

（5）我第一次来中国，_____。

（6）这次旅行_____。

3. 给下面的词语选择适当的位置　Placer les mots entre parenthèses au bon endroit

（1）她昨天 A 把 B 练习 C 做完。（没）

（2）他 A 今天晚上 B 把这张画儿 C 画完，就不休息。（不）

（3）昨天我们下 A 课 B 就去 C 参观 D。（了）

（4）他每天吃 A 饭 B 就去 C 外边散步。（了）

4. 选择适当的词语填空　Complétez le texte avec les mots appropriés

平安　特别　一边……一边……　演　替　为　希望　要……了

尼娜_____回国_____，我们_____她开了一个欢送会。那天_____热闹，同学们_____聊天儿_____喝茶，还_____了不少节目。我们说_____她回国以后常联系，而且_____我们向她全家问好，祝她一路_____。

5. 完成对话　Complétez les conversations suivantes

A：小李，你这次出差去多长时间？

B：_____。

A：出差很累，你要_____。

B：谢谢，我一定注意。你要买什么东西吗？

A：不买。太麻烦了。

B：_____，我可以顺便给你带回来。

A：不用了。祝你_____！

B：谢谢！

6. 会话　Conversations

谈谈你来中国的时候，朋友或家里人给你送行的情况。

Lorsque tu es venu en Chine, qu'est-ce que tes amis et ta famille ont fait pour accompagner ton départ?

7. 听后复述　Écoutez et répétez

妹妹这一次出远门，要到英国（Yīngguó, Angleterre）去留学。我们全家送她到机场。她有两件行李，我和爸爸替她拿。妈妈很不放心，让她路上要注意安全，别感冒，到了英国就来电话，把那儿的情况告诉我们。爸爸说妈妈说得太多了，妹妹已经不是小孩子了，应该让她到外边锻炼锻炼。妈妈说："俗话（súhuà, proverbe）说，'儿行千里母担忧'（ér xíng qiānlǐ mǔ dānyōu, La mère s'inquiète toujours de son fils qui part loin d'elle）。孩子到那么远的地方去，我当然不放心。怎么能不说呢？"

8. 语音练习　Exercices de phonétique

(1) 常用音节练习　Lisez les syllabes suivantes

(2) 朗读会话　Séance de lecture à voix haute

A: Kàn yíxiàr nín de hùzhào hé jīpiào.

B: Zěnme tuōyùn xíngli?

A: Nín xiān tián yíxiàr zhè zhāng biǎo.

B: Tiánwán le.

A: Gěi nín hùzhào hé jīpiào, nín kěyǐ qù tuōyùn xíngli le.

B: Hǎo, xièxie!

复习（八）

Révisions (VIII)

一 会话 Conversations

1

〔汉斯（Hànsī, Hans）和小王是好朋友。现在汉斯要回国了，小王送他到火车站〕

王：我们进站去吧。

汉斯：你就送到这儿，回去吧。

王：不，我已经买了站台（zhàntái, quai）票了。来，你把箱子给我，我帮你拿。

汉斯：我拿得动。

王：别客气。你拿手提包，我拿箱子。你看，这就是国际列车（guójì lièchē, train international）。

汉斯：我在9号车厢（chēxiāng, wagon）。

王：前边的车厢就是。

2

王：汉斯，箱子放在行李架（xínglijià, porte-bagages）上。

汉斯：这个手提包也要放在行李架上吗？

王：这个包放在座位下边，拿东西方便一些。

汉斯：现在离开车还早，你坐一会儿吧。

王：你的护照放在身边没有？

汉斯：哟（yō, une particule modale）！我的护照怎么没有了？

王：别着急，好好儿想想，不会丢了吧？

汉斯：对了！放在手提包里了。你看，我的记性（jìxing, mémoire）真坏。

王：马上就要开车了，我下去了。你到了就跟我联系。

汉斯：一定。

王：问你家里人好！祝你一路平安！

汉斯：谢谢！再见！

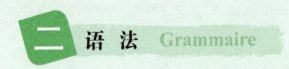 语法 Grammaire

（一）动词的态　Les modes de verbe

1. 动作即将发生　Une action qui va se produire

动作即将发生，可以用"要……了""快要……了"或"就要……了"来表示。例如：

《要……了》《快要……了》ou《就要……了》peut être utilisé pour indiquer qu'une action est sur le point de se produire. Par exemple:

① 他要考大学了。　② 快要到北京了。
③ 明天就要放假了。　④ 飞机就要起飞了。

2. 动作的进行　　Une action qui est en cours

动作的进行，可用"正在""正""在""呢"或"正（在）……呢"等表示。例如：
«正在» «正» «在» «呢» ou «正（在）……呢» sont utilisés pour représenter les actions en cours. Par exemple :

① 我正在打电话呢。　　② 她正跳舞呢。
③ A：你在写毛笔字吗？
　　B：我没写毛笔字，我画画儿呢。

3. 动作或状态的持续　　La durée d'une action ou d'un état

动作或状态的持续，可用"着"表示。例如：
«着» est utilisé pour représenter la durée d'une action ou d'un état. Par exemple :

① 墙上挂着几张照片。
② 桌子上放着花儿，花儿旁边放着几本书。
③ 她一边唱着歌，一边洗着衣服。
④ 通知上没写着他的名字。

4. 动作的完成　　Accomplissement d'une action

动作的完成可以用动态助词"了"表示。否定形式用"没（有）"。例如：
«了» peut être utilisé pour indiquer l'achèvement de l'action. Sa forme négative est «没（有）». Par exemple :

① 我看了一个电影。　　② 我买了两支铅笔。
③ 他喝了一杯茶。　　　④ 他没喝咖啡。

5. 过去的经历　　Une expérience passée

过去的经历用"过"表示。否定形式是"没（有）……过"。例如：

《过》est utilisé pour représenter une expérience passée. Sa forme négative est «没（有）……过». Par exemple:

① 我去过上海。　　　② 他以前学过汉语。
③ 他还没吃过烤鸭呢。

（二）几种特殊的动词谓语句　Phrases avec verbes spéciaux

1. "是"字句　Phrase avec «是»

① 他是我的同学。　　　② 前边是一个中学，不是大学。
③ 那个电视机是新的。

2. "有"字句　Phrase avec «有»

① 我有汉语书，没有法语书。　② 我有哥哥，没有妹妹。
③ 他有很多小说和杂志。

3. "是……的"句　Phrase avec «是……的»

"是……的"句用来强调动作的时间、地点或方式等。例如：
La structure «是……的» met l'accent sur le moment et le lieu où l'action se passe ou la façon dont l'action se produit. Par exemple:

① 他妹妹是昨天到这儿的。　② 他是从欧洲来的。
③ 我是坐飞机去上海的。
④ 那本杂志是从李红那儿借来的。

4. 存现句　Phrase existentielle

① 床旁边放着一个衣柜。　② 那边走过来一个人。
③ 我们班走了两个法国同学。　④ 桌子上有一本书。

5. 连动句　Phrase à verbes successifs

① 我去商店买东西。　② 我有一个问题要问你。
③ 我没有钱花了。　④ 他们去医院看一个病人。

6. 兼语句　Phrase séquentielle

① 老师让我们听录音。　② 他请我吃饭。
③ 外边有人找你。

7. "把"字句　Phrase avec «把»

① 他把那支笔送给玛丽了。　② 他想把这件事告诉小王。
③ 别把东西放在门口。　④ 他没把那本小说还给小刘。
⑤ 她把孩子送到医院了。

三　练习　Exercices

1. 按照实际情况回答问题　Répondre aux questions suivantes

（1）你回国的时候，怎么向中国朋友和中国老师告别？
　　（在中国学习、生活觉得怎么样，怎么感谢他们的帮助，等等）

（2）你参加过什么样的告别活动？
　　（欢送会、吃饭、照相、表演节目等）

2. 会话　Conversations

（1）告别　Au revoir

> 我来向你告别。
> 我要……了。
> 谢谢你对我的照顾。
> 给你们添了不少麻烦。
> 不用送。
>
> 日子过得真快。
> 哪天走？
> 真舍不得啊！
> 对你的照顾很不够。
> 你太客气了。
> 哪儿的话！
> 没什么。
> 不用谢。
> 准备得怎么样了？
> ……都收拾好了吗？
> 我帮你……

（2）送行　Accompagner le départ de quelqu'un

> 祝你一路平安！
> 问……好！
> 路上多保重。
> 希望我们常联系。

（3）托运　Enregistrement des bagages

> 这儿能托运吗？
> 可以海运吗？
> 要多长时间？
> 运费怎么算？
> 运什么？
> 运到哪儿？
> 您的地址、姓名？
> 请填一下儿表。
> 按照……收费。

3. 完成对话　Complétez les conversations suivantes

A：你什么时候走？

B：_____。

A：_____？

B：都托运了。谢谢你的照顾。

A：_____，照顾得很不够。

B：_____。

A：我一定转告。请问你们全家好。

B：_____，我也一定转告。

A：祝你_____！再见！

B：_____。

4. 语音练习　Exercices de phonétique

（1）声调练习：第一声+第四声　Exercices des tons: 1er ton + 4^{e} ton

bāngzhù　（帮助）

xiānghù bāngzhù　（相互帮助）

xīwàng xiānghù bāngzhù　（希望相互帮助）

（2）朗读会话　Séance de lecture à voix haute

A: Wǒ kuài huí guó le, jīntiān lái xiàng nǐ gào bié.

B: Shíjiān guò de zhēn kuài! Shénme shíhou zǒu?

A: Hòutiān xiàwǔ liǎng diǎn bàn.

B: Xīwàng wǒmen yǐhòu hái néng jiàn miàn.

A: Xièxie nǐ hé dàjiā duì wǒ de zhàogù.

B: Nǎr de huà, nǐ tài kèqi le. Hòutiān wǒ qù sòng nǐ.

A: Búyòng sòng le.

B: Bié kèqi.

阅读短文　Lisez le texte

今天晚上有中法两国的排球（páiqiú, volleyball）赛。这两个国家的女排打得都很好。我很想看，可是买不到票，只能在宿舍看电视了。

这次比赛非常精彩。两局（jú, partie, manche）的结果（jiéguǒ, score）是1比1。现在是第三局，已经打到12比12了，很快就能知道结果了。正在这时候，王兰走了进来，告诉我有两个法国人在楼下大厅等我。他们是刚从法国来的。我不能看排球赛了，真可惜！

我一边走一边想，这两个人是谁呢？对了，姐姐发来电子邮件说，她有两个朋友要来北京，问我要带什么东西。很可能就是我姐姐的朋友来了。

我来到大厅一看，啊！是我姐姐和她的爱人。我高兴极了。马上又问她："你们来，为什么不告诉我？"他们两个都笑了。姐姐说："要是先告诉你，就没有意思了。"

词汇表 Vocabulaire (Par ordre Alphabétique)

A

安静	ānjìng	形	39
安全	ānquán	形	27
按照	ànzhào	介	38

B

把	bǎ	介	34
白	bái	形	24
班	bān	名	26
搬	bān	动	38
办	bàn	动	31
办法	bànfǎ	名	32
办公	bàn gōng		38
半路	bànlù	名	23
帮忙	bāng máng		32
帮助	bāngzhù	动	21
包	bāo	名	33
包子	bāozi	名	30
饱	bǎo	形	33
保证	bǎozhèng	动	35
保重	bǎozhòng	动	40
报名	bào míng		39
抱歉	bàoqiàn	形	23
杯子	bēizi	名	35

被	bèi	介	35
比	bǐ	介	28
比较	bǐjiào	副	30
比赛	bǐsài	动/名	29
笔试	bǐshì	名	26
冰	bīng	名	28
冰箱	bīngxiāng	名	30
病	bìng	名/动	27
病房	bìngfáng	名	39
病人	bìngrén	名	35
博物馆	bówùguǎn	名	31
不但……而且……	búdàn……érqiě……		38
不如	bùrú	动	39
不要	búyào	副	27
布置	bùzhì	动	25

C

才	cái	副	23
参观	cānguān	动	21
参加	cānjiā	动	21
餐厅	cāntīng	名	33
查	chá	动	30
唱	chàng	动	21

超重	chāo zhòng		38
衬衫	chènshān	名	33
趁	chèn	介	36
成绩	chéngjì	名	26
城市	chéngshì	名	31
迟到	chídào	动	27
充电	chōng diàn		24
重新	chóngxīn	副	39
抽	chōu	动	27
出差	chū chāi		24
出境	chū jìng		40
出门	chū mén		24
出院	chū yuàn		34
除了……以外	chúle……yǐwài		30
窗户	chuānghu	名	24
春天	chūntiān	名	28

D

打开	dǎkāi		26
打扰	dǎrǎo	动	36
打算	dǎsuàn	动/名	36
打听	dǎting	动	38
打针	dǎ zhēn		34
打字	dǎ zì		30
大使馆	dàshǐguǎn	名	38
戴	dài	动	35
耽误	dānwu	动	40
蛋糕	dàngāo	名	26
当	dāng	动	30
导游	dǎoyóu	名	30
倒	dǎo	动	35
地	de	助	33
的话	dehuà	助	38
得	děi	能愿	27
灯	dēng	名	34
低	dī	形	28
地	dì	名	24
电动车	diàndòngchē	名	23
电梯	diàntī	名	23
电影院	diànyǐngyuàn	名	23
丢	diū	动	29
冬天	dōngtiān	名	28
动	dòng	动	38
动车	dòngchē	名	31
度	dù	量	28
锻炼	duànliàn	动	34
队	duì	名	29
对不起	duìbuqǐ	动	23

		E			刚	gāng	副	22
饿	è		形	33	刚才	gāngcái	名	21
二等座	èrděngzuò		名	32	高	gāo	形	22
		F			高铁	gāotiě	名	31
发烧	fā shāo			34	告别	gào bié		36
发音	fāyīn		名	30	歌	gē	名	21
法文	Fǎwén		名	23	个子	gèzi	名	22
方便	fāngbiàn		形	25	各	gè	代	31
方便面	fāngbiànmiàn		名	35	更	gèng	副	25
方式	fāngshì		名	37	狗	gǒu	名	26
房卡	fángkǎ		名	33	够	gòu	动	36
放	fàng		动	25	姑娘	gūniang	名	22
放假	fàng jià			29	顾客	gùkè	名	38
放心	fàng xīn			30	刮	guā	动	28
非常	fēicháng		副	31	关	guān	动	24
分	fēn		名	26	国际	guójì	形	38
风	fēng		名	24	过意不去	guò yì bú qù		36
风景	fēngjǐng		名	31			**H**	
封	fēng		量	22	还	huán	动	23
父亲	fùqin		名	30	海关	hǎiguān	名	40
复习	fùxí		动	22	海运	hǎiyùn	动	38
		G			汗	hàn	名	40
该	gāi		动	37	好喝	hǎo hē		28
感冒	gǎnmào		动/名	27	好几	hǎojǐ	数	22

好久	hǎojiǔ	形	36		机会	jīhuì	名	36
合适	héshì	形	25		急	jí	形	24
盒子	hézi	名	26		挤	jǐ	形/动	40
黑	hēi	形	35		计划	jìhuà	名/动	31
黑板	hēibǎn	名	37		记	jì	动	30/37
红	hóng	形	24		技术	jìshù	名	27
后天	hòutiān	名	22		继续	jìxù	动	36
候机室	hòujīshì	名	40		检查	jiǎnchá	动	32
护照	hùzhào	名	32		见	jiàn	动	24
花瓶	huāpíng	名	24		见面	jiàn miàn		22
滑	huá	动	28		交流	jiāoliú	动	38
画	huà	动	25		交通	jiāotōng	名	27
画儿	huàr	名	25		胶棒	jiāobàng	名	23
话	huà	名	29		教	jiāo	动	29
话剧	huàjù	名	30		叫	jiào	动	39
坏	huài	形	23		街	jiē	名	39
欢送	huānsòng	动	37		结实	jiēshi	形	39
欢送会	huānsònghuì	名	37		节目	jiémù	名	37
还	huán	动	23		借	jiè	动	23
黄	huáng	形	24		进步	jìnbù	动	40
回答	huídá	动	29		精彩	jīngcǎi	形	37
会	huì	名	22		久	jiǔ	形	23
或者	huòzhě	连	39		酒店	jiǔdiàn	名	33
					旧	jiù	形	28

J

句子	jùzi	名	22		篮球	lánqiú	名	29
聚会	jùhuì	名/动	35		老	lǎo	形	36
觉得	juéde	动	25		冷饮	lěngyǐn	名	40
K					离开	lí kāi		36
开	kāi	动	21		礼堂	lǐtáng	名	32
开发	kāifā	动	31		礼物	lǐwù	名	24
开始	kāishǐ	动	34		里边	lǐbian	名	21
看样子	kàn yàngzi		35		联系	liánxì	动	24
考	kǎo	动	26		练	liàn	动	29
考虑	kǎolǜ	动	40		凉快	liángkuai	形	28
咳嗽	késou	动	27		量	liáng	动	34
可	kě	副	40		了	liǎo	动	26
可爱	kě'ài	形	26		了解	liǎojiě	动	39
可能	kěnéng	助动/形	23		聊天儿	liáo tiānr		36
可是	kěshì	连	22		另外	lìngwài	连/副	39
可惜	kěxī	形	24		录音笔	lùyīnbǐ	名	23
渴	kě	形	33		乱	luàn	形	39
空儿	kòngr	名	22		乱七八糟	luànqībāzāo		24
口试	kǒushì	名	26		旅行	lǚxíng	动	29
裤子	kùzi	名	33		旅游	lǚyóu	动	37
快乐	kuàilè	形	26		**M**			
L					马路	mǎlù	名	27
来不及	láibují	动	31		马马虎虎	mǎmǎhūhū	形	25
来得及	láidejí	动	31		马上	mǎshàng	副	24

嘛	ma	助	25
卖	mài	动	32
毛笔	máobǐ	名	29
帽子	màozi	名	40
没关系	méi guānxi		23
每	měi	代	27
美	měi	形	25
门	mén	名	26
门口	ménkǒu	名	21
们	men	尾	36
密码	mìmǎ	名	33
面包	miànbāo	名	35
名胜古迹	míngshèng gǔjì		31
墨镜	mòjìng	名	35

N

那么	nàme	代	36
难	nán	形	26
能力	nénglì	名	30
年纪	niánjì	名	37
牛奶	niúnǎi	名	40
弄	nòng	动	23
努力	nǔlì	形	40
暖和	nuǎnhuo	形	28
女朋友	nǚpéngyou	名	22

P

爬	pá	动	29
胖	pàng	形	28
跑	pǎo	动	40
跑步	pǎo bù		29
陪	péi	动	22
漂亮	piàoliang	形	22
平安	píng'ān	形	40
普通话	pǔtōnghuà	名	30

Q

气温	qìwēn	名	28
铅笔	qiānbǐ	名	25
签名	qiān míng		33
签证	qiānzhèng	名	32
钱包	qiánbāo	名	32
墙	qiáng	名	37
巧	qiǎo	形	22
轻	qīng	形	39
清楚	qīngchu	形	30
情况	qíngkuàng	名	34
秋天	qiūtiān	名	28
区	qū	名	31
取	qǔ	动	38
取得	qǔdé	动	37

全	quán	形/副	26		收拾	shōushi	动	30
裙子	qúnzi	名	33		手	shǒu	名	25

R

					手表	shǒubiǎo	名	25
然后	ránhòu	连	31		手术	shǒushù	名	34
让	ràng	动	23		手提包	shǒutíbāo	名	39
热闹	rènao	形	31		手续	shǒuxù	名	36
热情	rèqíng	形	37		受	shòu	动	34
认真	rènzhēn	形	40		瘦	shòu	形	28
日子	rìzi	名	36		舒服	shūfu	形	27
容易	róngyì	形	25		输入	shūrù	动	33
入境	rù jìng		40		树	shù	名	35

S

					摔	shuāi	动	24
散步	sàn bù		29		水果	shuǐguǒ	名	31
嗓子	sǎngzi	名	34		水平	shuǐpíng	名	37
沙发	shāfā	名	25		顺便	shùnbiàn	副	31
山	shān	名	29		死	sǐ	动/形	33
伤	shāng	名/动	34		算	suàn	动	38
上班	shàng bān		40		虽然…… 但是……	suīrán…… dànshì……		37
舍不得	shěbudé	动	37		随身	suíshēn	形	39
深	shēn	形	37		碎	suì	形	24
什么的	shénmede	助	35		锁	suǒ	动/名	34
实习	shíxí	动	37					
视频	shìpín	名	37					

T

事故	shìgù	名	27
太极拳	tàijíquán	名	29

谈	tán	动	30		忘	wàng	动	24
糖	táng	名	35		为了	wèile	介	38
躺	tǎng	动	29		位	wèi	量	21
讨论	tǎolùn	动	32		喂	wèi	叹	21
特别	tèbié	副	39		温度	wēndù	名	28
疼	téng	形	27		文件	wénjiàn	名	34
踢	tī	动	29		问好	wèn hǎo		40
提高	tígāo	动	30		问题	wèntí	名	26
体温	tǐwēn	名	34		舞会	wǔhuì	名	21
替	tì	介	39					

X

希望	xīwàng	动/名	40
习惯	xíguàn	动/名	27
洗衣机	xǐyījī	名	30
洗澡	xǐ zǎo		33
系	xì	名	21
下	xià	动	28
下班	xià bān		40
下载	xiàzài	动	36
夏天	xiàtiān	名	28
箱子	xiāngzi	名	33
向	xiàng	介	36
小吃	xiǎochī	名	31
小时	xiǎoshí	名	30
小说	xiǎoshuō	名	23

添	tiān	动	39
填表	tián biǎo		33
跳舞	tiào wǔ		21
贴	tiē	动	37
停车场	tíngchēchǎng	名	32
通知	tōngzhī	动/名	21
同学	tóngxué	名	22
痛快	tòngkuai	形	33
头	tóu	名	27
图书馆	túshūguǎn	名	32
退	tuì	动	32
托运	tuōyùn	动	38

W

晚会	wǎnhuì	名	21

些	xiē	量	25	一定	yídìng	副	21
鞋	xié	名	39	一路	yílù	名	40
新婚	xīnhūn	动	26	衣柜	yīguì	名	25
新年	xīnnián	名	21	医院	yīyuàn	名	27
新闻	xīnwén	名	21	遗憾	yíhàn	形	24
信用卡	xìnyòngkǎ	名	31	已经	yǐjīng	副	36
幸福	xìngfú	形/名	26	以内	yǐnèi	名	32
修	xiū	动	23	椅子	yǐzi	名	33
雪	xuě	名	28	因为	yīnwèi	连	36

Y

				用	yòng	动	23
烟	yān	名	27	游	yóu	动	29
研究生	yánjiūshēng	名	36	游览	yóulǎn	动	31
颜色	yánsè	名	25	游泳	yóu yǒng		29
眼睛	yǎnjing	名	27	有的	yǒude	代	36
眼镜	yǎnjìng	名	35	有点儿	yǒudiǎnr	副	27
样子	yàngzi	名	25	有名	yǒumíng	形	31
药	yào	名	27	有时候	yǒu shíhou		28
要是	yàoshi	连	25	又	yòu	副	25
钥匙	yàoshi	名	29	右边	yòubian	名	37
一…… 就……	yī…… jiù……		34	雨	yǔ	名	28
				语法	yǔfǎ	名	30
一边……一 边……	yìbiān…… yìbiān……		36	预报	yùbào	动/名	28
				预订	yùdìng	动	32
一等座	yīděngzuò	名	32	预习	yùxí	动	30

原谅	yuánliàng	动	23		只	zhī	量	26
圆珠笔	yuánzhūbǐ	名	31		只要…… 就……	zhǐyào…… jiù……		33
约	yuē	动	23					
约会	yuēhuì	名/动	22		中文	Zhōngwén	名	21
越来 越……	yuè lái yuè……		37		中心	zhōngxīn	名	38
					终于	zhōngyú	副	33
运	yùn	动	38		重	zhòng	形	34
运动	yùndòng	名/动	29		周末	zhōumò	名	35
运费	yùnfèi	名	38		主意	zhúyi	名	39
Z					住院	zhù yuàn		34
杂志	zázhì	名	35		注意	zhù yì		27
再说	zàishuō	动	22		祝	zhù	动	26
脏	zāng	形	23		祝贺	zhùhè	动	26
糟糕	zāogāo	形	24		转	zhuǎn	动	39
展览	zhǎnlǎn	动/名	40		转告	zhuǎngào	动	21
站	zhàn	动	29		撞	zhuàng	动	35
张	zhāng	动	34		准备	zhǔnbèi	动	36
着急	zháo jí		35		准时	zhǔnshí	形	35
照顾	zhàogù	动	36		桌子	zhuōzi	名	25
这么	zhème	代	25		自己	zìjǐ	代	25
着	zhe	助	32		足球	zúqiú	名	29
正	zhèng	副	22		嘴	zuǐ	名	34
正在	zhèngzài	副	21		最近	zuìjìn	名	35
支	zhī	量	23		左边	zuǒbian	名	37

专名表　Noms propres

广东	Guǎngdōng	29
广州	Guǎngzhōu	30
桂林	Guìlín	31
李红	Lǐ Hóng	21
南京路	Nánjīng Lù	31
尼娜	Nínà	24
欧洲	Ōuzhōu	36

浦东	Pǔdōng	31
人民医院	Rénmín Yīyuàn	34
圣诞节	Shèngdàn Jié	21
香港	Xiānggǎng	30
友谊宾馆	Yǒuyì Bīnguǎn	21
豫园	Yù Yuán	31

法文注释本
Version française-chinoise

第四版
4ème édition

汉语会话 301 句 练习册
下册

301 PHRASES: CONVERSATIONS EN CHINOIS
(LIVRE D'EXERCICES)

Volume 2

康玉华　来思平　编著
Auteurs: Kang Yuhua et Lai Siping

北京大学出版社
PEKING UNIVERSITY PRESS

前　言

　　本书是为《汉语会话 301 句》课本编写的练习册，分上、下两册，各二十课。上册每课后附有汉字笔顺表。每册后附练习参考答案，并有一份试卷，供学习者自测。

　　本练习册既适用于自学，也可用于教师课堂教学或作为学生的家庭作业。

　　本练习册集中选用了教学实践中多种行之有效的操练方法，并结合多样的测试形式，多角度地进行全面操练，纠正初学者易出现的错误。从词语的搭配，到不同语境中语言结构的变换以及阅读理解等方面，促使学习者逐渐横向扩展语言的运用范围，引导他们提高理解和应用汉语的能力。

　　希望通过这样的练习，能帮助初学者较快地、全面牢固地掌握基础汉语，并为进一步提高汉语水平打下坚实的基础。

编者
2021 年 4 月

目 录

21 邀请　请你参加 ··· 1

22 婉拒　我不能去 ··· 5

23 道歉　对不起 ··· 9

24 遗憾　真遗憾，我没见到他 ·· 14

25 称赞　这张画儿真美 ·· 19

26 祝贺　祝贺你 ·· 24

27 劝告　你别抽烟了 ··· 29

28 比较　今天比昨天冷 ·· 34

29 爱好　我也喜欢游泳 ·· 38

30 语言　请你慢点儿说 ·· 43

31 旅游（1）　那儿的风景美极了 ·· 48

32 旅游（2）　买到票了没有 ··· 53

33 旅游（3）　我们预订了两个房间 ·· 58

34 看病　我头疼 ·· 63

35 探望　你好点儿了吗 ·· 68

36 告别　我要回国了 ··· 73

37 饯行　真舍不得你们走 ··· 78

38 托运　这儿托运行李吗 ··· 83

39 送行（1）　不能送你去机场了 ············· 88

40 送行（2）　祝你一路平安 ················ 93

　　测验（21—40课）························ 98

　　参考答案 ····································· 104

邀请

21 请你参加
Je t'invite à participer

一 熟读词语　Récitez les mots suivants

一定	参加	通知
~来	~晚会	~大家
~参加	~工作	~学生
~转告	~考试	~我们
~喜欢		看~

帮助	里边	正在
~朋友	银行~	~唱歌
~妈妈	学校~	~打电话
~老师	饭店~	~上网
~别人		~接电话
		~看新闻

参观

去~
~北京大学
正在~
~完了

二 选择以上词语完成句子　Complétez les phrases avec les mots appropriés

1. 在家里，我常常_____做饭、洗衣服。

2. 我去找他的时候，他_____上网。

3. 老师_____明天上午九点考试。

4. 小张毕业后，很快就_____了，他们公司的王经理对员工很不错。

5. 我学了一首中国歌，给你唱唱，我想你_____。

6. 你_____了吗？星期六晚上七点有晚会。

7. 你看，那个_____吃饭的人很多，那儿的饭一定好吃。

三 给括号内的词语找到适当的位置　Placez les mots entre parenthèses au bon endroit

1. A 我正在 B 打电话 C。　　　　　　　　　（刚才）

2. 请你 A 小王 B 明天去清华大学参观 C。　　（转告）

3. 玛丽 A 唱 B 中国 C 歌吧。　　　　　　　（一首）

4. 你 A 认识 B 他 C 的？　　　　　　　　　（什么时候）

5. A 老师们 B 那个教室里 C 开会呢。　　　　（正在）

6. 星期日晚上的音乐会，A 你 B 别去晚了 C。（一定）

四 判断正误（对的画√，错的画×）Vrai ou faux

(　　) 1. 新年晚会你去参加吗？

(　　) 2. 我去参加新年晚会。

(　　) 3. 他休息在房间里呢。

(　　) 4. 他新年晚会参加王先生跟一起。

(　　) 5. 昨天我给你打电话的时候，你正在吃饭吧？

(　　) 6. 昨天我给你打电话的时候，你正在不正在吃饭？

五 改错句 Corrigez les phrases suivantes

1. 小王请我帮助拿东西他。

   →_____

2. 老师通知去长城我们。

   →_____

3. 我转告这件事他了。

   →_____

4. 我去参加音乐会圣诞节。

   →_____

5. 昨天我们动物园去参观了很多动物。

   →_____

六 阅读理解 Compréhension écrite

你知道我和小王是怎么认识的吗？

有一次，我在商店买东西，买的东西很多。正不知道怎么拿的时候，小王说："我帮你拿吧！"他送我走出商店，送我上出租车，很热情（rèqíng, chaleureux）。

从这以后，我们常常通电话、见面（jiàn miàn, se voir）。他帮我学汉语，我帮他学法语，我们现在是好朋友。

根据短文，选择正确答案 Sélectionnez la bonne réponse en fonction du texte

( ) 1. A. "我"在商店买了很多东西。
　　　　B. "我"不知道拿什么东西。
　　　　C. 小王不知道"我"拿的什么东西。

( ) 2. A. 小王帮"我"拿东西。
　　　　B. 小王送了"我"很多东西。
　　　　C. 小王送"我"东西后上了出租车。

( ) 3. "从这以后"的意思是：
　　　　A. 从这个地方以后
　　　　B. 从小王这样热情以后
　　　　C. 从"我"和小王认识以后

七 **交际练习** Exercices de communication

邀请朋友来参加你的生日晚会（提示：时间、地点、怎么去等）。
Invite tes amis à ta fête d'anniversaire (indices : heure, lieu, comment y aller, etc.).

婉拒

22 我不能去
Je ne peux pas y aller

一 熟读词语 Récitez les mots suivants

巧	约会	见面
太~了	有（个）~	跟老同学~
真~	跟朋友~	见见面
不~	在北海公园~	见了一面

空儿	刚	陪
有~	~来	~谁去……
有~的时候	~毕业	~……去商店
没~	~吃完饭	~……去看画展
	~参加工作	

二 选择以上词语完成对话 Complétez les dialogues avec les mots appropriés

1. A：现在有个新电影，我们下午去看好吗？

   B：不好意思，我_____，有个同学来看我。

   A：那就等你_____的时候再说吧。

2. A：你们去哪儿啊？

   B：我_____，她想买件毛衣，让我帮她挑挑。

3. A：你什么时候来的？我来晚了吧？

   B：不晚，我也是_____。

   A：那我们走吧。

4. A：星期天你做什么？

   B：我_____。

   A：是女朋友吗？

   B：不，是我的小学同学。我们在北海公园见面。

三 给括号内的词语找到适当的位置　Placez les mots entre parenthèses au bon endroit

1. 你 A 我 B 去 C 找一下儿王经理好吗？　　　　　（陪）
2. 我想和王兰一起去看画展，A 她 B 没空儿 C。　　（可是）
3. 下课以后，我们 A 应该 B 生词和课文 C。　　　　（复习）
4. 今天我有空儿，A 可以 B 跟他 C。　　　　　　　（见面）
5. 晚上 A 我 B 一个约会 C，不能参加舞会了。　　　（有）
6. A 我 B 要 C 出去找玛丽，玛丽就来了，真巧！　　（刚）

四 判断正误（对的画√，错的画×）Vrai ou faux

（　）1. 你毕业以后见面她了吗？

（　）2. 你毕业以后跟她见面了吗？

（　）3. 我刚喝完咖啡，还想吃点儿东西。

（　）4. 刚你去哪儿了？我找你你不在。

（　）5. 刚才你去哪儿了？我找你你不在。

（　）6. 我买了两封电影票，给你一封。

（　）7. 我去邮局寄了两个快递。

22 我不能去

五 改错句 Corrigez les phrases suivantes

1. A：你吃了橘子吗？→ _____

   B：吃了。

   A：你吃几个橘子了？→ _____

   B：三个。

2. A：你见面王先生了吗？→ _____

   B：我见面他了。他给我了一本杂志。

   → _____

   A：是中文的吗？

   B：不，是法文的。

3. A：刚我拿来的那本书你见了没有？

   → _____

   B：没见。刚才拿来就没有了？你再找找。

   → _____

六 阅读理解 Compréhension écrite

　　今天晚上有音乐会，我想约（yuē, prendre rendez-vous）王兰一起去。想好以后，我就给王兰打了一个电话。真不巧，她明天有考试，今天没空儿，她要复习。她说："等考完以后再说吧。"我想，考完以后，音乐会也完了。听说（tīngshuō, entendre dire）这个音乐会好极了，我还是想去听。我打算去大卫的宿舍问问大卫，看他能不能陪我去。

■ 根据短文，选择正确答案 Sélectionnez la bonne réponse en fonction du texte

(　　) 1. A. "我"想约王兰一起去买票。

　　　　　B. "我"想约王兰一起去复习。

　　　　　C. "我"想约王兰一起去听音乐会。

(　　) 2. 王兰说："等考完以后再说吧。"意思是：

　　　　　A. 王兰说，考完试以后再去听音乐会。

　　　　　B. 王兰考完试以后，让"我"等她，她要和"我"说话。

　　　　　C. 王兰考试的时候，让"我"等她，她要和"我"说话。

(　　) 3. A. 王兰考完后，音乐会还没有结束（jiéshù, finir; se terminer）。

　　　　　B. 王兰的考试和音乐会都结束了。

　　　　　C. 王兰还没考试，音乐会还没结束。

(　　) 4. A. "我"要一个人去听音乐会。

　　　　　B. 听完音乐会，"我"去大卫宿舍找他。

　　　　　C. "我"想约大卫跟"我"一起去听音乐会。

七　交际练习　Exercices de communication

朋友邀请你去看京剧，可是你要准备考试，你委婉地拒绝朋友。
Ton ami t'a invité à l'Opéra de Pékin, mais tu as dû refuser poliment parce que tu dois préparer un examen.

道歉

23 对不起
Je suis désolé(-e)

一 熟读词语　Récitez les mots suivants

久	才	坏	修
很~	~来	弄~	~好
~等	~知道	用~	~了
多~	~听懂	玩儿~	能~
		骑~	会~

小说	约	可能	还
一本~	~谁	~坏了	~东西
看~	~好	~修好了	没~
买~	~不~	~不来了	什么时候~
翻译~			~给……

用	借
~笔	~东西
~一~	可以~
~词典	~多长时间

二 选择以上词语完成对话　Complétez les dialogues avec les mots appropriés

1. A：你怎么_____？我八点就来了。

   B：让你_____了，真对不起。

2. A：你那本法文小说可以借给我看看吗？

   B：你_____？

   A：一个星期，下星期五以前我一定_____。

   B：你等一下儿，我去给你拿。

3. A：我的电脑被我_____了，不能用了。

   B：听说小王_____，你去问问他。

4. A：星期六的画展你_____跟你一起去？

   B：还没想好约谁，你有空儿吗？

三 给括号内的词语找到适当的位置　Placez les mots entre parenthèses au bon endroit

1. 你快A进B来C吧！　　　　　　　　　　　　（教室）
2. 你找刘京吗？他A回B去C了。　　　　　　　（宿舍）
3. A十分钟以前B他C来了。　　　　　　　　　（就）
4. A现在他B来C，可能他的自行车坏了。　　　（才）
5. 做A饺子B就可以吃饭了。　　　　　　　　　（好）
6. 翻译A这个句子B我就陪你玩儿。　　　　　　（完）

四 改错句　Corrigez les phrases suivantes

A：大卫，你看那本杂志完了吗？我也想看看。

→ _____

B：还没看完呢，给你明天可以吗？

→ _____

A：可以，你看完以后，张新让给我吧。

→ _____

B：张新回去上海了，我能找你，我给你吧。

→ _____

A：好吧！

五 判断正误（对的画√，错的画 ×） Vrai ou faux

（　　）1. 他刚下去楼，他说到操场去玩儿。
（　　）2. 他进去房间拿东西，一会儿就出来。
（　　）3. 你别等我，你先走吧。
（　　）4. 真对不起，你的电子词典我弄坏了。
（　　）5. 对不起，你的书我弄脏了。
（　　）6. 约好的，我怎么能来呢？当然要来！
（　　）7. 我们六点半才来，你怎么七点来了？
（　　）8. 修你的照相机好了吗？

六 阅读理解　Compréhension écrite

下午三点我走出学校，想去酒吧见朋友。这时候，我看见前边有一个男孩儿，他走进酒吧里了。我想，孩子不能进酒吧，应该让他回家去。

我刚走到酒吧，看见那个男孩儿正和酒吧工作人员（rényuán, personnel）说话（shuō huà, parler）呢。工作人员不让他进里边去，可是他不听，一定要进去。啊，我认识他。这是李老师的孩子，他叫小明。

我说:"小明,快回家去吧,这不是你应该来的地方。"他看了看我,有点儿(yǒudiǎnr, un peu)不好意思,就慢慢走出去了。

■ **根据短文,选择正确答案** Sélectionnez la bonne réponse en fonction du texte

( ) 1. A. 酒吧在学校外边。

　　　 B. 酒吧在学校里边。

　　　 C. 酒吧、小男孩儿家都在学校里边。

( ) 2. A. 小男孩儿进酒吧是见朋友。

　　　 B. 小男孩儿最后没进酒吧里边去。

　　　 C. 小男孩儿进酒吧是想和酒吧工作人员说话。

( ) 3. "这不是你应该来的地方"的意思是:

　　　 A. 小孩子应该来这个地方。

　　　 B. 这个地方你不应该来。

　　　 C. 这个地方不是你想来的地方。

七 看图说话,用动词加"来"和"去"完成对话 Regardez les images et complétez les dialogues en utilisant «来/去»

1. A:我今天做了很多好吃的,

　　 你＿＿＿＿＿吃饭吧。

　 B:我现在就＿＿＿＿＿。

23 对不起

2. A：儿子，你什么时候_____？
   B：我这个周末就_____。

3. A：小林，快点儿_____接电话，是找你的。
   B：好的，我马上_____。

4. A：今天外面太冷了，我不想_____。
   B：是啊！明天天气好了，你再_____吧！

遗憾

24 真遗憾，我没见到他

C'est dommage que je ne l'aie pas vu

一 熟读词语 Récitez les mots suivants

关	忘	摔	可惜
~窗户	常~	~坏	真~
~电视	没~	~碎	太~了
~电脑	别~了		
~手机	~在……了		

急	马上	联系	见
~事	~就去	跟……~	~到
别~	~就修好	常~	~一面
	~就懂了	不~	~一~
		有~	
		~方法	

二 选择以上词语完成对话 Complétez les dialogues avec les mots appropriés

1. A：别关门，我的手机_____。

   B：你快进去拿吧，车_____就要开了。

   A：你_____，还有十分钟呢！

2. A：你＿＿＿＿＿＿＿＿＿＿我的杯子（bēizi, tasse）了吗？

   B：你看，在那儿呢。

   A：哎呀，怎么＿＿＿＿＿＿＿＿＿＿了？不能用了。

   B：还是新的呢，＿＿＿＿＿＿＿＿＿＿！

三 给括号内的词语找到适当的位置　Placez les mots entre parenthèses au bon endroit

1. 出门的时候我 A 关 B 电视 C 了，真糟糕！　　　　　　（忘）
2. 他上星期刚买的花瓶，A 今天 B 摔 C 碎了。　　　　　　（就）
3. 这是我的手机号，以后 A 我们 B 联系 C 吧。　　　　　　（多）
4. 你别走了，饭 A 就 B 做好了 C，吃了饭再走吧！　　　　（马上）
5. 经理 A 他 B 马上 C 回公司。　　　　　　　　　　　　（让）
6. 他让我 A 常 B 发 C 电子邮件。　　　　　　　　　　　（给他）

四 判断正误（对的画 √，错的画 ×）Vrai ou faux

(　　) 1. 他摔了一个杯子碎了。

(　　) 2. 他摔碎了一个杯子。

(　　) 3. 你出去的时候，请关好窗户。

(　　) 4. 你出去的时候，请关窗户好。

(　　) 5. 我给小李买的地图忘在书店里了。

(　　) 6. 我忘给小李买的地图在书店里了。

(　　) 7. 小李不在家，他出差上海去了。

(　　) 8. 小李不在家，他去上海出差了。

(　　) 9. 你常联系他吗？

(　　) 10. 你常跟他联系吗？

五　改错句　Corrigez les phrases suivantes

1. 饭做好了，妈妈说我们吃饭。

　→ _____

2. 我的新书弄脏了，真遗憾！

　→ _____

3. 他打网球的时候摔手机坏了。

　→ _____

4. 他房间的地有很多东西，乱七八糟极了。

　→ _____

5. 他新买的手机摔坏了，你说可惜没可惜？

　→ _____

6. 糟糕，给朋友买的礼物拿忘了！

　→ _____

六　阅读理解　Compréhension écrite

今天有空儿，我们三个好朋友约好去饭馆儿（fànguǎnr, restaurant）吃饭。我们想一起喝喝酒，说说话。

吃什么好呢？小李说："很久没吃烤鸭了，去吃烤鸭吧。"我和小王不知道哪个饭馆儿的烤鸭好吃，就问小李。

小李说："学校东边那个饭馆儿的烤鸭不错，也不贵。"我们就去了。

太好了，我们到那儿的时候，人还不多。我们挑了一个离窗户近

24 真遗憾，我没见到他

的地方坐，要了两瓶啤酒、三个菜，让服务员快一点儿给我们上烤鸭。

啤酒快喝完的时候，烤鸭上来了。烤鸭真的不错，黄黄的，很好看，也很好吃。

吃完饭，小李先付了钱，我和小王给小李钱的时候，我才知道忘带钱和手机了，真糟糕！我说回学校以后再给小李钱，小李说没关系，可是我很不好意思。以后我不能再这样（zhèyàng, comme cela）了！

■ **根据短文，选择正确答案** Sélectionnez la bonne réponse en fonction du texte

（　　）1. A."我们"在学校里边一起吃饭。
　　　　 B."我们"在学校东边的饭馆儿吃饭。
　　　　 C."我们"在学校北边的那个饭馆儿吃饭。

（　　）2. A.小李说吃烤鸭说得很久。
　　　　 B."我们"想吃烤鸭想了很久了。
　　　　 C."我们"很长时间没吃烤鸭了。

（　　）3. A.服务员上烤鸭上得很慢。
　　　　 B.服务员想快一点儿上烤鸭。
　　　　 C."我们"让服务员快点儿上烤鸭。

（　　）4. A.这次吃饭是小李先付的钱。
　　　　 B.这次吃饭是三个人一起付的钱。
　　　　 C.这次吃饭最后是小王付的钱。

七 **交际练习** Exercices de communication

说一说让你觉得很遗憾或很糟糕的事。

Raconte quelque chose qui te fait sentir triste ou horrible.

称赞

25 这张画儿真美

C'est une très belle peinture

一 熟读词语 Récitez les mots suivants

布置	画儿	又……又……	要是……就……
~房间	一张~	~好吃~便宜	~觉得冷，~进来吧
~教室	中国~	~快~好	~知道，~告诉你
~得很美	风景~	~远~不方便	
~好了			

放	方便	觉得	容易
~在……	很~	~怎么样	很~
在……~了……	不~	~不错	不~
~好了	这么~	~很冷	~马虎
	~不~	~很抱歉	

画	这么
~画儿	~好
~完了	~冷
~好了	~美
~得真好	~热

二　选择以上词语完成对话　Complétez les dialogues avec les mots appropriés

1. A：你看，这张＿＿＿＿＿＿＿＿画得怎么样？

    B：＿＿＿＿＿＿＿＿＿＿！

2. A：昨天让你久等了，我＿＿＿＿＿＿＿＿＿＿。

    B：没什么，我知道你工作忙。

3. A：画展（huàzhǎn, exposition de peintures）＿＿＿＿＿＿＿＿吗？

    B：快布置好了。

4. A：你住的地方买东西＿＿＿＿＿＿＿＿？

    B：方便，有不少商店，还有一个大超市。

5. A：你看，这个花瓶＿＿＿＿＿＿＿＿哪儿好看？

    B：我觉得＿＿＿＿＿＿＿＿＿＿＿不错。

三　给括号内的词语找到适当的位置　Placez les mots entre parenthèses au bon endroit

1. 昨天冷，A 今天 B 冷 C。　　　　　　　　　　（更）

2. 考试的时候不能马虎，要是马虎，A 就 B 出错 C。（容易）

3. 你 A 新买的衣服 B 在衣柜里 C 了吗？　　　　　（放）

4. 你的房间 A 布置 B 得 C 漂亮！　　　　　　　（这么）

5. A 这些画儿 B 买的 C，是我画的。　　　　　　（不是）

四　判断正误（对的画√，错的画×）Vrai ou faux

（　　）1. 她的手表又样子好看，又颜色漂亮。

（　　）2. 要是衣柜大一点儿，就更方便了。

（　　）3. 要是你学习，就我关了电视。

（　　）4. 要是你累了，就休息休息吧。

（　　）5. 你的铅笔在本子呢。

（　　）6. 我觉得画人最不容易。

五　改错句　Corrigez les phrases suivantes

1. 今天两个他们一起去公园玩儿了。

    → _____

2. 这个衣柜这么颜色好看！

    → _____

3. 你说今天冷，我觉得更昨天冷。

    → _____

4. 要是你不认识路，就我带你去。

    → _____

5. 这些本杂志借给我看看吧。

    → _____

六　阅读理解　Compréhension écrite

小张和小王要结婚了。他们找来小李帮他们布置新房。

他们买了一些画儿，还买了一些花儿。桌子、椅子、书柜、衣柜、床也都买好了。

小李说："那张最大的画儿挂（guà, accrocher）在客厅（kètīng, salon），那两张风景画儿挂在卧室（wòshì, chambre）吧。衣柜放在床旁边，书柜放在客厅。那些有盆（pén, pot）的花儿放在客厅的窗户下边；别的花儿放在花瓶里，花瓶放在桌子上，应该很漂亮。"

小张和小王觉得小李说得很对。说完，他们三个就开始（kāishǐ, commencer）布置新房了。

■ **根据短文，选择正确答案** Sélectionnez la bonne réponse en fonction du texte

（　　）1. A. 小张和小王结婚了。
　　　　　B. 小张和小王还没结婚。
　　　　　C. 小张和小王不想结婚。

（　　）2. A. 小李一个人来新房了。
　　　　　B. 他们和小李一起来新房了。
　　　　　C. 他们不知道小李在哪儿，他们找小李。

（　　）3. A. 布置新房的东西都买好了。
　　　　　B. 他们没买花儿和椅子。
　　　　　C. 他们想买一些东西布置新房。

（　　）4. A. 客厅里要挂一张大画儿。
　　　　　B. 客厅里已经挂了一张大画儿。
　　　　　C. 客厅里挂着的那张画儿是风景画儿。

（　　）5. A. 他们三个已经布置完新房了。
　　　　　B. 他们三个今天以后再布置新房。
　　　　　C. 他们三个说完以后马上开始布置新房。

七　交际练习　Exercices de communication

A 去 B 的家里做客，A 称赞 B 的家布置得很漂亮，B 做的饭也很好吃。

A est allé chez B en tant qu'invité, A complimente B pour la belle décoration de la maison, et aussi la délicieuse cuisine de B.

祝贺

26　祝贺你
Félicitations

一　**熟读词语**　Récitez les mots suivants

全	考	祝	快乐
~班	~什么	~……身体健康	很~
~家	~得怎么样	~……工作顺利	~生活
~国	~得不太好	~……快乐	~的一天
		~……幸福	

了（liǎo）	打开	只	可爱
吃得/不~	~窗户	一~狗	真~
拿得/不~	~门	一~熊猫	~的孩子
去得/不~	~柜子	一~手	~的样子
	~书		觉得……很~

幸福	问题	难
生活~	问~	很~
生活得很~	有（一个）~	太~了
	什么~	不太~

二　**选择以上词语完成对话**　Complétez les dialogues avec les mots appropriés

1. A：这次考试你_____？

B：不太好，你呢？

A：我也_____。

2. A：今天的课，我_____不懂。

B：什么问题？我帮你。

3. A：星期六下午_____同学都来照毕业相，你怎么没来？

B：我来晚了，我来的时候，你们都走了。

4. A：你买这么多东西，_____吗？

B：你看，那是我姐姐，两个人拿没问题。

5. A：我要换一个新工作了。

B：_____！

三 给括号内的词语找到适当的位置　Placez les mots entre parenthèses au bon endroit

1. 你 A 打 B 书柜 C 看看有没有那本词典？　　　（开）
2. 你能 A 放 B 手里的东西 C，帮我打开门吗？　（下）
3. 这个盒子是不是 A 打 B 开 C 了？　　　　　　（不）
4. 你说，这个手机 A 还 B 修 C 好吗？　　　　　（得）
5. 他 A 口试 B 成绩 C，笔试成绩不太好。　　　（好）
6. 他们 A 的 B 新婚生活 C。　　　　　　　　　（很幸福）

四 判断正误（对的画√，错的画×）Vrai ou faux

（　　）1. 这个窗户怎么打得不开了？

(　　) 2. 祝贺你考试了全班第一！

(　　) 3. 这张照片多漂亮啊！

(　　) 4. 这么大的蛋糕两个人吃不了。

(　　) 5. 昨天我的手表修得好了。

(　　) 6. 祝您全家新年快乐了！

五　改错句　Corrigez les phrases suivantes

1. 这个难问题，我不会做。

   → _____

2. 他们结婚以后，有了一个很可爱的孩子，很幸福生活。

   → _____

3. 这个铅笔盒打得不开，你帮我一下儿。

   → _____

4. 这本小说你一个星期看得完不完？

   → _____

5. 那个中国人说得太快，我听得不懂。

   → _____

6. 他买了一只鱼，想晚饭的时候吃。

   → _____

26 祝贺你

六 阅读理解 Compréhension écrite

王阿姨（āyí, tante）有一只小狗，叫乐乐。它（tā, il; elle）白色的毛（máo, poils），黑色的眼睛（yǎnjing, yeux），很可爱。早上和晚上王阿姨都带它出去散步。它喜欢在外边玩儿，见到别的狗，它就更高兴了，跑得快极了。

王阿姨常常给它洗澡（xǐ zǎo, laver）。它又干净又漂亮，人们都喜欢它。孩子们更喜欢它，常常想喂（wèi, nourir）它吃东西。可是王阿姨不让孩子们喂它。她说，要是吃乱七八糟的东西，会吃坏肚子（dùzi, ventre）；她还说，小狗吃东西，就像我们人吃饭一样，什么时间吃，一次吃多少，都是一定的。

总之（zǒngzhī, pour conclure），乐乐是大家的好朋友，我们都喜欢它。

根据短文，选择正确答案 Sélectionnez la bonne réponse en fonction du texte

（　）1. A. 别的狗高兴，乐乐就高兴。

　　　 B. 乐乐早上出来很高兴，晚上出来更高兴。

　　　 C. 乐乐到外边玩儿的时候很高兴，见到别的狗更高兴。

（　）2. 王阿姨为什么不让乐乐吃"乱七八糟的东西"？

　　　 A. 这些东西很乱。

　　　 B. 这些东西很坏。

　　　 C. 这些东西狗吃了不好。

（　　）3. A. 狗可以随便（suíbiàn，peu importe）吃东西。

　　　　　B. 狗吃的东西跟人吃的饭一样。

　　　　　C. 狗也应该在一定的时间吃东西。

七　交际练习　Exercices de communication

A 通过了 HSK 考试，B 来祝贺 A。
A a réussi son HSK, B le félicite.

劝告

27 你别抽烟了
Ne fume pas s'il te plaît

一 **熟读词语** Récitez les mots suivants

有点儿	事故	得 (děi)	注意
~冷	出~了	~注意	没~
~不舒服	别出~	~休息	~休息
~咳嗽	交通~	~快(一)点儿	~安全
~感冒		~早(一)点儿	~身体
~头疼			注没~

每	舒服	习惯	技术
~天	不~	不~	有~
~年	~极了	没~	~不错
~人	觉得很~	好~	修车的~
~次		坏~	
~(个)星期		~……的生活	

迟到	这样	病	
~了	别~	~了	
没~	~不好	有~	
别~	~可以吗	什么~	
	不能~		

二 选择以上词语完成对话　Complétez les dialogues avec les mots appropriés

1. A：你工作太忙了，得_____。

   B：是啊，我每天睡得很少。

2. A：你注没注意，张老师_____。

   B：注意了，他说话的时候常常咳嗽。

   A：他要是不抽烟就好了。

3. A：听说老李_____，上星期住院了。

   B：_____？我们去看看他吧。

4. A：每次开会你都_____，今天早点儿去，_____。

   B：知道了，今天我一定晚不了！

5. A：这个房间怎么样？舒服吗？

   B：我_____，好极了。

6. A：车怎么不走了？是不是有_____？

   B：可能是，前边有很多车和人。

7. A：你第一次来北京，_____了吗？

   B：还不太习惯，吃饭、坐车都不太习惯。

三 给括号内的词语找到适当的位置　Placez les mots entre parenthèses au bon endroit

1. 你 A 过马路 B 要 C 安全。　　　　　　　（注意）

2. 小张 A 修自行车 B 的技术 C。　　　　　　（不错）

3. 今天参观 A 你 B 一定 C 迟到。　　　　　　（别）

4. 你骑 A 车 B 骑 C 太快了。　　　　　　　　（得）

5. 你得 A 早 B 休息 C。　　　　　　　　　　（一点儿）

6. 我以后不 A 骑 B 车 C 了。　　　　　　　　（快）

7. 抽烟 A 身体 B 不 C 好。　　　　　　　　　（对）

四　判断正误（对的画 √，错的画 ×）Vrai ou faux

（　　）1. 今天我觉得一点儿头疼。

（　　）2. 我一定别抽烟了。

（　　）3. 今天非常冷，穿少了容易感冒。

（　　）4. 你看，那儿交通事故了。

（　　）5. 你得安全注意啊！

（　　）6. 我每天喝水得不多。

五　改错句　Corrigez les phrases suivantes

1. 一点儿喝酒没关系，多喝了对身体不好。

　　→ _____

2. 今天我一点儿忙，没空儿，明天陪你去吧。

　　→ _____

3. 每个年我都来中国。

　　→ _____

4. 他真不好习惯，每天房间里乱七八糟的。

　　→ _____

5. 不抽烟了，你看你都咳嗽了。

　→ _____

六　阅读理解　Compréhension écrite

老刘这些天觉得有点儿不舒服，不想吃饭，不想做事，工作的时候也想睡觉。

你知道为什么吗？他有一个星期不抽烟了！不是他自己不想抽，是他爱人让他改（gǎi, changer）改习惯，不让他抽了。

他爱人说，抽烟对身体不好。老刘常常咳嗽，要是不抽烟，不用吃药，慢慢就不咳嗽了，咳嗽的病好了，身体就好了。她还说，开始的时候不习惯，时间长了，就会习惯的。

我们都觉得他爱人说得对。我们说："老刘，你别不高兴，你爱人这样是爱（ài, aimer）你，你有这样一个好爱人，多幸福啊！"

根据短文，选择正确答案 Sélectionnez la bonne réponse en fonction du texte

（　）1. A. 老刘不舒服，他病了。
　　　　B. 老刘不喜欢工作，想睡觉。
　　　　C. 老刘不抽烟了，他不习惯。

（　）2. A. 老刘咳嗽的病还没好。
　　　　B. 老刘咳嗽的病好了，身体也好了。
　　　　C. 老刘不咳嗽了，也不用吃药了。

（　　）3. A. 老刘不舒服的时间已经很长了。
　　　　　B. 老刘刚开始不舒服，现在已经好了。
　　　　　C. 要是长时间不抽烟，老刘就会慢慢习惯。

（　　）4. "老刘的爱人不让他抽烟"是：
　　　　　A. 爱老刘
　　　　　B. 不想买药
　　　　　C. 不喜欢老刘

七 交际练习　Exercices de communication

劝告朋友少看手机。
Conseille tes amis de jouer moins aux téléphones portables.

比较

28 今天比昨天冷

Aujourd'hui il fait plus froid qu'hier

一 熟读词语 Récitez les mots suivants

下	预报	暖和	凉快
~雨	天气~	天气~	天气~
~雪	~天气	衣服~	很~
……~得很大	听天气~	房间里~	~极了

刮	高	练习	
~风	气温~	~写字	
~坏	个子~	~画画儿	
~跑	~楼	做~	

二 选择以上词语完成对话 Complétez les dialogues avec les mots appropriés

1. A：北京的春天常常＿＿＿＿＿＿＿＿吗？

   B：不，不常＿＿＿＿＿＿，常常＿＿＿＿＿＿，有时候风很大。

2. A：你＿＿＿＿＿＿＿＿了吗？今天天气怎么样？

   B：听了，最高气温 23°C，最低气温 10°C，天气很好。

3. A：房间里太热，外边＿＿＿＿＿＿＿，我们去外边吧。

   B：是啊，外边＿＿＿＿＿＿＿，真舒服！

4. A：小张比小王＿＿＿＿＿＿＿＿，可是吃得比小王少。

   B：那是小张想让自己瘦一点儿。

5. A：你这个字写得真漂亮！你常常＿＿＿＿＿＿＿＿吗？

   B：我每个星期最少有两个下午＿＿＿＿＿＿＿＿＿＿。

   A：我也得练习练习了。

三 **给括号内的词语找到适当的位置** Placez les mots entre parenthèses au bon endroit

1. 冬天我 A 去 B 公园 C 滑冰。　　　　　　　　　　（有时候）
2. 那个孩子不到三岁，才 A 两 B 岁 C。　　　　　　　（多）
3. 这件衣服不便宜，是 A 三百 B 块钱 C 买的。　　　（多）
4. 这个房间 A 比那个房间 B 暖和 C。　　　　　　　（一点儿）
5. 他 A 比我 B 早起床 C。　　　　　　　　　　　　（二十分钟）
6. 小李比小王滑 A 冰 B 滑 C 好。　　　　　　　　　（得）

四 **判断正误（对的画√，错的画 ×）** Vrai ou faux

（　　）1. 我喜欢秋天，秋天比夏天凉快极了！

（　　）2. 北京的秋天没冷也没热。

（　　）3. 他走得快比我。

（　　）4. 房间里暖暖和和的，你进来暖和暖和吧！

（　　）5. 昨天下雪大，交通不方便。

（　　）6. 今年冬天不冷，比去年冬天高气温得多。

五 用"比"改写句子　Reformulez les phrases suivantes en utilisant «比»

例：　我 1.8 m，他 1.75 m。→ 我比他个子高。

1. 我的词典旧，他的词典新。

   → 他的＿＿＿＿＿＿＿＿＿＿＿＿＿＿＿＿＿＿＿＿＿＿。

2. 昨天最高气温 26℃，今天最高气温 30℃。

   → 今天＿＿＿＿＿＿＿＿＿＿＿＿＿＿＿＿＿＿＿＿＿＿。

3. 小张家有五口人，小王家有三口人。

   → 小王家＿＿＿＿＿＿＿＿＿＿＿＿＿＿＿＿＿＿＿＿＿。

4. 一斤苹果八块钱，一斤橘子九块钱。

   → 一斤橘子＿＿＿＿＿＿＿＿＿＿＿＿＿＿＿＿＿＿＿＿。

5. 小李滑冰滑得很好，小张刚学滑冰。

   → 小李＿＿＿＿＿＿＿＿＿＿＿＿＿＿＿＿＿＿＿＿＿＿。

六 阅读理解　Compréhension écrite

去年一月，我去了一次三亚（Sānyà, Sanya, nom d'une ville）。那儿最高气温三十多度，最低气温二十多度，我得穿夏天的衣服。在三亚，我觉得最舒服的运动（yùndòng, sport）是在大海（hǎi, mer）里游泳（yóu yǒng, nager）。三亚有时候会下雨，天气很凉快。晚饭以后我常常跟朋友们到海边散步（sàn bù, promener）。海风轻轻（qīngqīng, légèrement）地吹，小船慢慢地划，让人感觉很幸福。傍晚的三亚很美，像画儿一样美。

很快，我从三亚回到北京。北京下雪了，又刮起了西北风，冷极

28 今天比昨天冷

了。北京最高气温零度，最低气温零下十度，公园里有人滑冰。现在北京是冬天，而三亚没有冬天。这两个地方的天气不能比。我觉得很有意思。

■ **根据短文，选择正确答案** Sélectionnez la bonne réponse en fonction du texte

（　）1. A. 在三亚运动最舒服。
　　　　B. 在三亚海边最舒服。
　　　　C. 在三亚游泳最舒服。

（　）2. A. 三亚傍晚的海边像画儿一样美。
　　　　B. 三亚海边的小船像在画儿里一样。
　　　　C. 三亚晚上没有人在海边散步。

（　）3. A. 北京比三亚冷，所以"我"觉得很有意思。
　　　　B. 三亚没有冬天，"我"觉得很有意思。
　　　　C. 都是一月，可是北京、三亚的天气很不一样，"我"觉得很有意思。

● 七　**交际练习**　Exercices de communication

比较一下你们国家的天气和中国有什么不同。
Parle de la différence entre le climat de ton pays et celui de la Chine.

爱好

29 我也喜欢游泳
J'aime nager aussi

一　熟读词语　Récitez les mots suivants

运动	爬	游泳	比赛
什么~	~山	会~	~……球
喜欢~	~楼	游游泳	参加~
~~	~上来	游一会儿泳	……跟……~

练	教	回答	躺
~毛笔字	~唱歌	~问题	~下
~球	~滑冰/游泳	~对了	~在……
……~了多长时间	~会	~错了	~一会儿
……~了一个小时	~一个小时	~得……	~好

打	旅行	丢
~排球	去……~	~了
~篮球	喜欢~	~在……
~网球	~了一个星期	别~了
~太极拳		

二　选择以上词语完成对话　Complétez les dialogues avec les mots appropriés

1. A：你喜欢_____？

　　B：我喜欢爬山。

2. A：你_____吗？

   B：会，我游得不错。

3. A：你知道今天是_____吗？

   B：听说是上海队对北京队。

   A：那这场比赛一定很好看。

4. A：你的毛笔字_____了？

   B：我练了一个月了。

   A：有人_____你吗？

   B：有，王兰是我的老师。

5. A：放假的时候你想做什么？

   B：我想跟朋友_____。

   A：你们_____呢？

   B：去广州。

6. A：糟糕，我的钥匙_____！

   B：你想想，_____了？

   A：可能是忘在教室里了。

7. A：我有点儿不舒服。

   B：你_____吧！

三 给括号内的词语找到适当的位置　Placez les mots entre parenthèses au bon endroit

1. 你 A 下星期的篮球 B 比赛 C 吗？　　　（参加）
2. 老师让他 A 一个很难 B 的问题 C。　　　（回答）

3. 他不会滑冰，可是游泳 A 游 B 好 C 极了。（得）

4. 他 A 练 B 中国画儿练了 C 了。（两个星期）

5. 我 A 打了 B 太极拳 C。（一个小时）

四 判断正误（对的画 √，错的画 ×）Vrai ou faux

（　）1. 我游泳得没有他好。

（　）2. 今天比昨天不冷。

（　）3. 我躺一会儿想休息休息。

（　）4. 我喜欢爬山，你也喜欢吧?

（　）5. 今天排球上海队比赛广东队。

（　）6. 他在练毛笔字，没在画画儿。

五 用"没有"改写句子　Transformez les phrases suivantes en utilisant «没有»

例：　上海的冬天比北京暖和。

→ 北京的冬天没有上海暖和。

1. 大卫比小张个子高。

→ _____

2. 玛丽比王兰喜欢滑冰。

→ _____

3. 今天的风比昨天的大。

→ _____

4. 那套衣服比这套漂亮。

→ _____

5. 他现在身体比以前好。

   → _____

6. 他抽烟比我多。

   → _____

7. 他游泳比我游得快。

   → _____

六 阅读理解　Compréhension écrite

小林和小高两个人比谁游泳游得好。

小林说，他五岁就学会游泳了，是爸爸教他的，现在他能在大海里游很远。他说，他也参加过很多次比赛，他比一些运动员 [yùndòngyuán, sportif(-ve)] 的成绩还好呢！

小高说，没有自己游得好的运动员大概不是游泳运动员！他说，他学游泳没有小林早，可是他是游泳运动员教的。小高说自己能躺在水上休息，还能在水下很长时间不出来，他在水里就像鱼一样自由（zìyóu, libre; liberté）。

我说："不能只听你们说，星期天你们比赛一下儿，看看谁游得更好。"

■ **根据短文，选择正确答案**　Sélectionnez la bonne réponse en fonction du texte

（　）1. A. 小林和小高正在比赛游泳。

　　　　 B. 小林和小高不想比赛游泳。

C. 小林和小高都说自己游泳游得好。

（　　）2. A. 小林参加过游泳比赛。

B. 小高一定比游泳运动员游得更快。

C. 小林和游泳运动员一起参加过考试。

（　　）3. 小高说他"在水里就像鱼一样自由"的意思是：

A. 他不能在水里游。

B. 他像鱼那样在水里游。

C. 他游泳游得好极了，想怎么游都可以。

（　　）4. A."我"不想听他们说。

B. 星期天没有游泳比赛。

C."我"不知道他们谁游得好。

七　交际练习　Exercices de communication

说一说你的爱好。

Parle de ton passe-temps.

语言

30 请你慢点儿说
Parle lentement s'il te plaît

一　熟读词语　Récitez les mots suivants

比较	清楚	查	谈
~难	听~	~词典	~话
~容易	写~	~问题	~得怎么样
~麻烦	说~	~（身）体	~了多长时间
~一下儿	看得/不~	~病房	~完了
……跟……~			

提高	能力	收拾	当
~……能力	有~	~房间	~导游
~技术	没有~	~东西	~老师
	工作~	~好	~经理
		不会~	~爸爸/妈妈

放心		记	
很~		~生词	
对……不/很~		~在……	
放不放心		~得/不住	
		~住	
		没~住	

二 选择以上词语完成对话　Complétez les dialogues avec les mots appropriés

1. A：他刚参加工作，你要多教教他。

   B：好的，他会慢慢地_____的。

   A：就让他在工作中提高吧。

2. A：刚才他说的话你_____了吗？

   B：他说得太快，我没有都_____。

   A：没关系，回家再打电话问问他。

3. A：你要_____法语跟汉语的发音。

   B：是，我要多听听汉语录音，多比较。

4. A：小张，你结婚两年了，还没有孩子，什么时候想_____啊？

   B：这得问我先生他什么时候想_____。

5. A：你这房间太乱了！

   B：你别急，我一会儿就_____。

   A：那现在我就走，等你_____我再来。

6. A：你看那是几路车？是不是307路？

   B：太远了，我也_____。

三 给括号内的词语找到适当的位置　Placez les mots entre parenthèses au bon endroit

1. 我 A 打了 B 字 C，有点儿累。　　　　　　　　（一个小时）

2. 我预习 A 明天要学的语法 B 要预习 C。　　　　（半个小时）

3. 你 A 给我 B 当 C 汉语老师。　　　　　　　　　（得）

4. A 能 B 修好这个洗衣机 C 吗？　　　　　　　　（后天下午）

5. 写汉字和翻译句子 A 都 B 是 C 难的。　　　　（比较）

6. 你一会儿出来，一会儿进去，A 你 B 忙 C 呢？　　（什么）

四 改错句　Corrigez les phrases suivantes

1. 我有一个姐姐，一个哥哥，在家里我当最小的。

    →_____

2. 妈妈不放心我常常骑快车。

    →_____

3. 除了我的手机能照相以外，还能上网。

    →_____

4. 我的书包里钱包以外，都是上课要用的。

    →_____

5. 我去广州一个星期旅行了。

    →_____

6. 他们谈话了一个小时。

    →_____

五 用所给的词语改写句子　Transformez les phrases suivantes en utilisant les mots donnés

　　例：　这个房间很干净，还很漂亮。（除了……以外）

　　　　→这个房间除了干净以外，还很漂亮。

1. 我应该买一个洗衣机，还应该买一个冰箱。（除了……以外）

    →_____

2. 全班同学，大卫没有来，别的同学都来了。（除了……以外）

   → _____

3. 他从星期五到星期天给朋友们当导游。（用上"时量补语"）

   → _____

4. 她跟中国朋友学做包子。（两个小时）

   → _____

5. 我每天早上从六点到六点半跑步。（用上"时量补语"）

   → _____

六　阅读理解　Compréhension écrite

小王的爷爷（yéye, grand-père）今年七十岁了，身体很健康。他喜欢运动。每天早上小王还没起床，爷爷就穿上运动服到外边锻炼（duànliàn, faire des exercices）身体去了。他先慢走一会儿，然后开始打太极拳，一般（yìbān, en général）打四十分钟。除了打太极拳以外，有时候他还慢跑，大概跑十几分钟。星期六、星期天他还常常带小王去游泳。

小王的奶奶（nǎinai, grand-mère）快七十岁了，身体也不错。她也喜欢运动，可是她不跟爷爷一起运动，她有自己的朋友，都是六十多岁的老人。她们早上在离家近的公园里唱歌、跳舞。唱歌、跳舞的时候，她们像年轻人（niánqīngrén, jeune）一样又活泼（huópō, actif）又快乐。

这样的老人真幸福！有这样的爷爷奶奶也真幸福！

30 请你慢点儿说

■ 根据短文，选择正确答案 Sélectionnez la bonne réponse en fonction du texte

（　　）1. A. 小王的爷爷起得很早。
　　　　　 B. 小王的爷爷跑得很慢。
　　　　　 C. 小王的爷爷不喜欢运动。

（　　）2. A. 小王的奶奶不跟朋友们一起锻炼。
　　　　　 B. 小王的奶奶不跟爷爷一起锻炼。
　　　　　 C. 小王的奶奶很年轻，她的朋友们也很年轻。

（　　）3. A. 每天锻炼的老人都很健康。
　　　　　 B. 每天锻炼的老人一定很幸福。
　　　　　 C. 小王的爷爷奶奶和小王都很幸福。

七 交际练习 Exercices de communication

说一说学习汉语的好方法。
Parle de quelques méthodes d'apprendre le chinois.

旅游（1）

31 那儿的风景美极了
Le paysage là-bas est très beau

一　熟读词语　Récitez les mots suivants

游览	风景	计划
~长城	~很美	工作~
~名胜古迹	~怎么样	没有~
去……~	……（地方）的~	什么~
		~做什么

办	热闹	各
~事	看~	~人
~手续	热热闹闹（形）	~地
~完了	热闹热闹（动）	~国
~了多长时间	不太~	~种~样

非常	有名	开发
~好	很~	~区
~难	不太~	~……技术
~疼	~的人	
~喜欢	~的地方	

二 选择以上词语完成对话　Complétez les dialogues avec les mots appropriés

1. A：北京的名胜古迹你都＿＿＿＿＿＿＿＿＿＿过吗？

   B：除了长城以外都去过了。

2. A：放假一个星期，你有＿＿＿＿＿＿＿＿＿＿？

   B：没有计划，你呢？

   A：我＿＿＿＿＿＿去桂林旅行。

3. A：你看，这儿有＿＿＿＿＿＿＿的小吃，吃什么好呢？

   B：我们挑几种吧，这三种不错。

4. A：长城的＿＿＿＿＿＿＿＿＿＿？

   B：美极了，我照了不少照片。

5. A：新年晚会＿＿＿＿＿＿＿＿＿＿吗？

   B：很热闹，大家一起唱歌、跳舞，很晚才回家。

三 给括号内的词语找到适当的位置　Placez les mots entre parenthèses au bon endroit

1. 昨天 A 我们 B 划船划了 C 。　　　　（两个小时）

2. 他走 A 出 B 饭店 C 了。　　　　　　（去）

3. A 从北京到上海 B 坐飞机要坐 C ？　　（多长时间）

4. 火车晚上八点开，A 现在 B 去 C ？　　（来得及来不及）

5. 我 A 买个花瓶 B 送给她。　　　　　（想）

四　判断正误（对的画√，错的画 ×）Vrai ou faux

（　　）1. 星期天我爬山了两个小时。

（　　）2. 我们看了一个半小时杂技，好看极了！

（　　）3. 你找和子吗？她回去日本了。

（　　）4. 我们看电视看一个小时了。

（　　）5. 他滑冰了一会儿。

（　　）6. 我们应该去游览一下儿北京小学。

（　　）7. 你不是说去博物馆吗？怎么还不起床？

五　把下面的句子改写成疑问句　Transformez les phrases suivantes en phrases interrogatives

例：　我办手续办了二十分钟。

→你办手续办了多长时间？

1. 昨天上午我打字打了一个小时。

→_____

2. 晚上我要预习一个小时语法。

→_____

3. 现在我能翻译一些句子了。

→_____

4. 慢点儿说，我听得懂。

→_____

31 那儿的风景美极了

六 阅读理解 Compréhension écrite

中国有句话叫"活（huó, vivre）到老（lǎo, vieux），学到老"，意思（yìsi, signifier）是，人从小到大学习没有结束（jiéshù, se terminer; finir）的时候。上小学以前，在家里，我们跟着爸爸、妈妈学；上幼儿园（yòu'éryuán, jardin d'enfant）以后，我们开始跟着老师学。然后，我们开始上小学、中学、大学。一般小学学六年，中学学六年，上了大学还要学四五年。参加工作以后，我们还要学习各种知识（zhīshi, connaissance）和技术。有的人还要上业余（yèyú, amateur）大学。退休（tuì xiū, retraiter）以后，有些六七十岁的老人（lǎorén, personnes âgées）虽然不工作了，但他们还要去上老年大学。他们学画画儿，学外语……学习热情 [rèqíng, actif (-ve)] 一点儿也不比年轻人差（chà, pire, moins）。

所以，人要想不断（búduàn, sans cesse）取得（qǔdé, obtenir）进步，就要努力学习，要"活到老，学到老"。

根据短文，选择正确答案 Sélectionnez la bonne réponse en fonction du texte

（　　）1. "活到老，学到老"的意思是：
　　　　A. 人老了的时候开始学习。
　　　　B. 人从小时候一直到老都要学习。
　　　　C. 人到老了的时候就可以不用学习了。

（　　）2. A. 孩子上小学以前都在家里。
　　　　B. 孩子上小学以前都去幼儿园。

C. 孩子上小学以前有些在家里有些去幼儿园。

（　　）3. A. 一般老人的学习热情比较差。

B. 有些老人的学习热情并不差。

C. 老人的学习热情不能和年轻人比。

七 交际练习　Exercices de communication

说一说你的一次旅行。
Raconte un de tes voyages.

旅游（2）

32 买到票了没有
As-tu acheté les billets

一 熟读词语　Récitez les mots suivants

以内	预订	帮忙
三天~	~（飞）机票	给……~
一个月~	~车票	帮帮忙
二十人~	~房间	帮……的忙

退	卖	检查
~钱	~东西	~身体
~……票	~什么	~行李
~房间	~得……	安（全）检（查）

讨论	办法	广告
~问题	有~	做~
~语法	想~	听~
~得……	好~	看~

挂	停	
~在……	~车	
~好了	~在……	
~着……	~着……	

二 选择以上词语完成对话　Complétez les dialogues avec les mots appropriés

1. A：你行李这么多，要我＿＿＿＿＿＿＿＿＿＿吗？

   B：不用，我拿得了。谢谢！

2. A：听说你要去桂林旅行，机票＿＿＿＿＿＿＿＿＿＿了吗？

   B：预订了，是明天上午十点的。

3. A：老师说，昨天学的语法有点儿难，今天上课的时候，让我们＿＿＿＿＿＿＿＿＿＿＿＿＿＿＿＿。

   B：我很喜欢上讨论课。

4. A：上飞机以前要＿＿＿＿＿＿＿＿＿＿行李。

   B：那我们先去安检吧。

5. A：你新买的画儿＿＿＿＿＿＿＿＿＿＿了？

   B：挂在大房间了。

6. A：外面＿＿＿＿＿＿＿＿＿＿一辆小汽车，是你的吗？

   B：不是。我知道那儿不能停车。

7. A：这本书，你＿＿＿＿＿＿＿＿＿＿看得完吗？

   B：三天太少了，一个星期才能看完。

三 给括号内的词语找到适当的位置　Placez les mots entre parenthèses au bon endroit

1. 小李要布置新家，我们去给A帮B忙C。　　　　　　　　　　（他）

2. A衣柜里B她的新衣服C。　　　　　　　　　　　　　　　　（挂着）

3. 火车站A十天以内B的票C，你可以去买。　　　　　　　　　（卖）

4. 我想 A 退 B 这件新买 C 的毛衣，不知道可以不可以。（了）

5. 小王没进 A 图书馆 B 借 C 书。（去）

四 改错句 Corrigez les phrases suivantes

1. 他进着电影院去看电影了。

   → _____

2. 商店里挂很多广告。

   → _____

3. 我出门的时候忘了关电视，现在电视还开呢，真糟糕！

   → _____

4. 星期天我要去学校给老师帮忙一天。

   → _____

5. 你看小李了吗？我找了他好长时间了。

   → _____

五 用"没有"把句子改写成疑问句 Transformez les phrases suivantes en phrases interrogatives avec «没有»

例： 礼堂门外写着电影的名字。

→ 礼堂门外写着电影的名字没有？

1. 图书馆外边停着小汽车。

   → _____

2. 他在开讨论会的时候看见张老师了。

   → _____

3. 桌子上放着一个漂亮的花瓶。

   → _____

4. 他家的门关着。

   → _____

5. 钱包里放着银行卡。

   → _____

6. 我听见外边有人说话。

   → _____

六 阅读理解 Compréhension écrite

小林快结婚了。今天她带我们去参观新房,新房已经(yǐjīng, déjà)布置好了。

走进客厅(kètīng, salon),就看见窗户上贴(tiē, coller)着大大的红"囍"(xǐ)字,墙(qiáng, mur)上挂着他们的结婚照。屋子(wūzi, chambre)里的东西都是新买的。电视、电脑桌、电脑等(děng, etc.)都放在客厅里。卧室(wòshì, chambre à coucher)里有一张大床,旁边放着一个大衣柜。卫生间(wèishēngjiān, toilettes)里放着洗衣机,厨房(chúfáng, cuisine)里放着冰箱。我们都觉得小林的新房又漂亮又舒服。

工作一天回到家,看看电视、喝喝茶,给朋友发发微信,做点儿自己

32 买到票了没有

喜欢吃的饭菜，多高兴啊！到了周末，再约好朋友来家里玩儿，就更高兴了！

小林的新房真不错！我们祝她新婚快乐，生活幸福！

■ **根据短文，选择正确答案** Sélectionnez la bonne réponse en fonction du texte

(　　) 1. A. 小林已经结婚了。
　　　　 B. 小林马上要结婚了。
　　　　 C. 小林结婚两个月了。

(　　) 2. A. 新房是睡觉的屋子。
　　　　 B. 新房是新婚用的房子。
　　　　 C. 新房是和客人见面的屋子。

(　　) 3. A. 他们看新房的时候是星期六。
　　　　 B. 他们看新房的时候看了看电视，喝了喝茶。
　　　　 C. 要是工作一天回到家，可以看看电视、喝喝茶；到了周末，还可以约朋友来家里玩儿。

七 交际练习 Exercices de communication

说一说你的房间的布置。
Décris ta chambre.

旅游（3）

33 我们预订了两个房间
Nous avons réservé deux chambres

一 熟读词语　Récitez les mots suivants

终于	洗澡	饿	衬衫
~来了	洗（一）个澡	~极了	穿~
~完了	洗洗澡	非常~	一件~
~懂了	洗完澡了	~不~	白~
~修好了			

渴	裙子	裤子	餐厅
~极了	穿~	买~	去~
~死了	红~	穿~	进~
~不~	一条~	一条~	在~

空	满	质量	酒店
~房间	住~	~好/差	住~
~教室	坐~	空调~	预订~
~盒子	写~	东西的~	~的房间
~箱子	放~		

二 选择以上词语完成对话　Complétez les dialogues avec les mots appropriés

1. A：你们酒店还有＿＿＿＿＿＿＿＿＿＿吗？

   B：没有了，都＿＿＿＿＿＿＿＿＿＿了。

2. A：今天去参加玛丽的生日晚会，你说我是_____还是_____？

   B：穿裙子吧，裙子比_____漂亮。

3. A：我_____，有水吗？

   B：有，也有茶，你喝什么？

4. A：刚打完网球，真想_____个_____。

   B：快去洗吧。

5. A：这个箱子的_____真不好，刚买来就坏了。

   B：去商店问问能不能退，换一个也可以。

6. A：你_____，我等了你半个小时了！

   B：对不起，让你久等了。

三 给括号内的词语找到适当的位置 Placez les mots entre parenthèses au bon endroit

1. 只要你说得慢一点儿，A 我 B 听得 C 懂。　　　　（就）
2. 我走进礼堂的时候，看见 A 里面 B 坐 C 了人。　　（满）
3. 饿死我了，先让我 A 吃 B 东西 C 吧。　　　　　　（一点儿）
4. 这个酒瓶太高，A 放 B 进冰箱 C 去。　　　　　　（不）
5. 我们 A 预订 B 好了一个 C 干净舒服的房间。　　　（终于）

四 改错句 Corrigez les phrases suivantes

1. 这个车太大，门太小，不开进去。

   → _____

2. 你看，她穿的漂漂亮亮地。

   → _____

3. 打开空调吧，我们可以凉凉快快休息。

   → _____

4. 只要不下雨，就我们去划船。

   → _____

5. 刚运动完，我想先洗澡洗澡再吃饭。

   → _____

6. 他买了一条白衬衫。

   → _____

五 **仿照例子造句（用上所给词语）** Reformulez les phrases suivantes en utilisant les mots donnés, suivez l'exemple

例： 如果天气好，我们一定去公园玩儿。（只要……就……）
→ 只要天气好，我们就去公园玩儿。

1. 这个包太小，书不能放进去。（V 不……）

   → _____

2. 这辆车满了，我不能上去了。（V 不……）

   → _____

3. 有地图，我能找到那个地方。（只要……就……）

   → _____

4. 空调的质量好，我买。（只要……就……）

   → _____

5. 箱子不大，能放进车里。（只要……就……）

   → _____

六 阅读理解 Compréhension écrite

　　星期天，我和张英要去参加小林的婚礼（hūnlǐ, mariage），我们穿什么好呢？张英说，只要穿得干净好看就可以。我问她是穿裤子还是穿裙子。她说当然是穿裙子。我试了试我的裙子，都有点儿瘦了。张英说，她的裙子颜色不太好看。这样，我们就去商店买裙子了。

　　商店里东西很多，人也很多。我们找到卖衣服的地方，那儿挂满了各式各样的裙子，我们都不知道该挑哪一条了。

　　我们让售货员拿了几条试了试，还不错，终于买到了两条又漂亮又合适的裙子。星期天我们可以穿着漂亮的裙子，高高兴兴地去参加小林的婚礼了。

根据短文，选择正确答案 Sélectionnez la bonne réponse en fonction du texte

（　　）1. A. "我"打算陪张英去买裙子。

　　　　　B. 张英和"我"打算去商店买裙子。

　　　　　C. 张英和"我"没买到合适的裙子。

（　　）2. A. "我"瘦了。

　　　　　B. "我"的裙子变小了。

C. "我"变胖了。

（　　）3. "都不知道该挑哪一条了"的意思是：

　　A. 不知道卖裙子的地方。

　　B. 不知道在哪儿挑裙子。

　　C. 不能决定（juédìng, décider; décision）挑哪条裙子。

（　　）4. A. 今天我们穿得很漂亮。

　　B. 我们买到了参加婚礼要穿的裙子。

　　C. 星期天我们很高兴地参加了小林的婚礼。

七 交际练习　Exercices de communication

说一说旅行的时候你要预订什么样的房间，选择什么交通工具。
Quel type de chambre tu reserves et quel moyen de transport que tu choisis quand tu voyages ?

看病

34 我头疼
J'ai mal à la tête

一 熟读词语 Récitez les mots suivants

开始	打针	受
~上课	打一针	~伤
~发烧	打不~	~得/不了
~锻炼	给……~	

伤	情况	重
摔~	工作~	很~
重~	学习~	不~
~得……	生活~	~死了
	交通~	

锁	锻炼	手术
~门	~身体	做~
~好（柜子）	~一会儿	做了一次/个~
修（理）~	喜欢~	

二 选择以上词语完成对话 Complétez les dialogues avec les mots appropriés

1. A：出门的时候别忘了把门_____。

   B：放心吧，忘不了！

2. A：早上他一起床就去＿＿＿＿＿＿＿＿＿＿。

   B：我知道，他每天都跑步。

3. A：听说小王住院＿＿＿＿＿＿＿＿＿＿。

   B：手术做得不错，快出院了。

4. A：听说小张昨天下雨的时候＿＿＿＿＿＿＿＿＿＿了，是吗？

   B：是，可是伤得不重，没关系。

5. A：大夫，用不用打针？

   B：不用＿＿＿＿＿＿＿＿＿＿，吃点儿药就好了。

6. 老师：现在＿＿＿＿＿＿＿＿＿＿，请打开书，念生词。

   学生：可以看拼音（pīnyīn）吗？

   老师：可以。

三 给括号内的词语找到适当的位置　Placez les mots entre parenthèses au bon endroit

1. 他 A 把学习情况 B 告诉爸爸妈妈 C。　　　　（要）

2. 你 A 一定 B 把护照 C 放好。　　　　　　　　（得）

3. 一下课，A 他们 B 都去操场 C 锻炼了。　　　（就）

4. 请你 A 那本书 B 拿给我 C 看看。　　　　　　（把）

5. 大夫 A 手术的情况 B 告诉了 C 小王的爱人。　（把）

四 改错句　Corrigez les phrases suivantes

1. 王经理把文件看。

   → ＿＿＿＿＿＿＿＿＿＿＿＿＿＿＿＿＿＿＿＿＿

2. 大夫请他把嘴张，要看看他的嗓子。

   → _____

3. 她家门一进就说："妈妈，快吃饭吧，我饿死了！"

   → _____

4. 只要休息休息，伤才能好。

   → _____

5. 她打针了两天，现在好多了。

   → _____

6. 请你把灯开，我想看看书。

   → _____

五 把下面的句子改成"把"字句　Transformez les phrases suivantes en utilisant «把»

例：　他喝了那杯茶。→ 他把那杯茶喝了。

1. 他办完了出院手续。

   → _____

2. 他弄伤了手。

   → _____

3. 早上锻炼的时候，他丢了自行车钥匙。

   → _____

4. 你吃了那个橘子吧！

   → _____

5. 他买好了去上海的飞机票。

→ _____

六 阅读理解 Compréhension écrite

前几天下大雪，小李骑车摔倒（dǎo, tomber）了，把腿（tuǐ, jambe）摔伤了，伤得比较重，走不了路了。同学们把他送到医院，大夫一检查，就让他住院了。同学们帮他办了住院手续，护士把他送到病房（bìngfáng, chambre d'hôpital），让他躺好。

大夫说，小李的腿得做手术，手术以后很快就会好的。这个医院的水平比较高，大夫的技术也好，同学们让小李放心。同学们说，一有空儿就会来医院看他。他要是有事，就给大家打电话，想吃什么，想看什么书和杂志（zázhì, magazine），同学们就给他送来。上课的事别着急（zháo jí, s'inquiéter; se stresser），伤好了，出院了，老师和同学们会帮助他的。

小李说，谢谢大家，他一定听大夫的话，早点儿把腿治（zhì, soigner）好，早点儿出院，回学校和同学们一起学习，一起锻炼。

■ **根据短文，选择正确答案** Sélectionnez la bonne réponse en fonction du texte

（ ）1. A. 小李不想走路了。
　　　　B. 小李腿受伤了，不能走路了。
　　　　C. 小李伤得不太重，还能走路。

(　　) 2. A. 同学们让小李有事打电话，大家会给他送东西。
　　　　　B. 小李给同学们打电话，同学们给他送来了很多东西。
　　　　　C. 小李给同学们打电话，说想吃东西，想看书和杂志。

(　　) 3. A. 小李伤好了，已经出院了。
　　　　　B. 小李想早一点儿治好腿，早一点儿出院。
　　　　　C. 小李回学校和同学们一起上课，一起锻炼了。

七 交际练习　Exercices de communication

说一说你的一次看病经历。
Raconte une de tes expériences chez le médecin.

探望

35 你好点儿了吗
Est-ce que tu te sens mieux

一 熟读词语　Récitez les mots suivants

被	撞	什么的
~摔碎	~伤	手机、电脑~
~弄脏	~倒	唱歌、跳舞~
~……用坏了	被……~	喝点儿咖啡~
~……（预）订完了		

看样子	着急	倒
~病了	别~	摔~
~很高兴	很~	刮~
~身体不错	为……~	打~
~要下雨了		

保证	准时	戴
~没问题	~上课	~眼镜
有/没（有）~	~开会	~花儿
~能……	~送到	~手表

二 选择以上词语完成对话　Complétez les dialogues avec les mots appropriés

1. A：这种空调质量好吗？

    B：＿＿＿＿＿＿＿＿＿＿＿＿，你放心吧！

2. A：下午两点，你一定要把文件送到张老师办公室。

   B：好的，我一定_____。

3. A：现在几点了？

   B：我没_____，看看手机吧！

4. A：丽林酒店还有空房间吗？

   B：没了，都_____。

5. A：刮风了，天也黑了，_____，快走吧！

   B：是啊，下雨以前常常刮风。

6. A：我们去咖啡馆_____，好吗？

   B：我不喜欢喝咖啡，也不习惯喝(牛)奶，还是去茶馆喝茶吧！

三 给括号内的词语找到适当的位置　Placez les mots entre parenthèses au bon endroit

1. 那个孩子的 A 手 B 毛笔 C 弄黑了。　　　　　　　　　　（被）

2. 现在她正 A 买不到 B（飞）机票 C 着急呢！　　　　　　（为）

3. 我忘了关窗户，A 花儿 B 风 C 刮倒了。　　　　　　　　（叫）

4. 只要是周末，A 他 B 和朋友们一起 C 去喝酒、唱歌什么的。　（就）

5. 他 A 车 B 停在 C 那棵（kē, mot de mesure pour les arbres）大树下边了。（把）

四 改错句　Corrigez les phrases suivantes

1. 他的身体一天一天好。

   → _____

2. 那个手机买的人是我弟弟。

　　→ _____

3. 车开得太快，那棵小树叫撞倒了。

　　→ _____

4. 那儿离这儿很近，不用坐车，我们走去着吧。

　　→ _____

5. 我看样子他很着急，不知道为什么。

　　→ _____

6. 刚买的杂志被我忘出租车了。

　　→ _____

五　把下面的句子改成"被"字句　Transformez les phrases suivantes en utilisant «被»

　　例：他把我的包借走了。

　　　　→ 我的包被他借走了。

1. 打球的时候，把他撞倒了，眼镜也摔坏了。

　　→ _____

2. 小狗把孩子的牛奶喝了。

　　→ _____

3. 她把妹妹关在门外了。

　　→ _____

4. 快递公司把他寄给玛丽的东西退回来了。

　　→ _____

5. 他弄丢了电影票，不能看电影了。

　　→ _____

六　阅读理解　Compréhension écrite

　　今天是安文又着急又感激（gǎnjī, remercier）又高兴的一天。你知道为什么吗？

　　今天是星期天，安文吃完早饭，想去买点儿水果什么的。这时候，她习惯地去拿自己的小包，可是小包不见了！小包呢？丢了吗？安文开始着急了。小包里有钱，有银行卡、校园卡，还有男朋友刚寄来的照片……小包怎么会没有了呢？

　　她想了想，昨天下午和朋友们去唱卡拉OK，天黑了才坐出租车回来，她觉得又饿又累，在宿舍吃了一点儿东西，就洗了个澡睡觉了。小包一定是被忘在出租车上了！她找出昨天坐车的发票（fāpiào, facture），上边有出租车公司的电话号码，她就给公司打了个电话，说了昨天坐车的情况。

　　公司的人说，他们也正在想办法找她呢！安文坐的那辆车的司机（sījī, chauffeur）已经把她的小包交到公司了。安文听到以后，高兴得不知道说什么好，她放下电话就出门了。她要去出租车公司感谢他们，拿回被自己丢了的小包。

■ 根据短文，选择正确答案 Sélectionnez la bonne réponse en fonction du texte

(　　) 1. 安文着急是因为_____。

    A. 小包丢了

    B. 她想看男朋友的照片

    C. 她想快一点儿去买水果什么的

(　　) 2. 安文找出坐车的发票，找到电话号码，是要_____。

    A. 预订出租车

    B. 给朋友打电话

    C. 给出租车公司打电话找回小包

(　　) 3. "高兴得不知道说什么好"的意思是_____。

    A. 太高兴了

    B. 不知道用汉语怎么说

    C. 不知道公司的人说了什么

七 交际练习 Exercices de communication

说一说在你们国家探望病人的时候常常带什么东西。

Dans tes pays, qu'est-ce qu'on apporte lorsqu'on rend visite aux patients ?

> 告别

36 我要回国了
Je vais retourner dans mon pays

一 熟读词语　Récitez les mots suivants

告别	打扰	照顾
~北京	~……了	~孩子
向……~	~……休息	~老人
跟……~	~……一下儿	~病人

够	准备	继续
吃~了	~考试	~学习
喝~了	~结婚	~工作
……不~了	~好了	~讨论
……得很不~		

打算	离开	一边……一边……
~去旅行	~家	~工作~学习
有（没有）~	~学校	~喝茶~聊天儿
~做……	离得/不开	~听音乐~看手机

已经	老	机会
~寄走了	~刮风	好~
~懂了	~下雨	趁……~
~修好了	~发烧	有（没有）~

二 选择以上词语完成对话　Complétez les dialogues avec les mots appropriés

1. A：你就要回国了，去＿＿＿＿＿＿＿＿＿＿＿＿了吗？

   B：去了，告别的时候，同学们都说让我多跟他们联系。

2. A：对不起，＿＿＿＿＿＿＿＿＿＿＿＿，王红是住在这儿吗？

   B：是住在这儿。

3. A：刘丽上班，孩子还小，现在是她妈妈帮她＿＿＿＿＿＿＿＿。

   B：家里有老人就是好。

4. A：听说小林要结婚了，不知道他们＿＿＿＿＿＿＿＿＿＿没有。

   B：房子和东西都准备好了。

5. A：你毕业以后，还＿＿＿＿＿＿＿＿＿＿汉语吗？

   B：学，不学就忘了。

6. A：放假的时候，你＿＿＿＿＿＿＿＿＿＿＿＿吗？

   B：哪儿也不去，在家休息。

7. A：公司让我出国学习一个月。

   B：这是一个＿＿＿＿＿＿＿＿，你要好好儿学习。

三 给括号内的词语找到适当的位置　Placez les mots entre parenthèses au bon endroit

1. 小张 A 去上海 B 出差的 C 机会去看看老朋友。　　（趁）

2. 他 A 第一次 B 家 C 去国外生活，有点儿不习惯。　（离开）

3. 他头疼是 A 昨天 B 晚上 C 没睡好觉。　　　　　　（因为）

4. 他 A 在北京 B 住了 C，已经习惯了。　　　　　　（一年）

四 改错句　Corrigez les phrases suivantes

1. 他来十分钟教室了。

   → _____

2. 他们聊天儿了半个小时。

   → _____

3. 放假的时候，我们班有同学去上海，有同学去桂林。

   → _____

4. 我快回国了，明天向朋友去告别。

   → _____

5. 好长日子没有看见他了。

   → _____

五 仿照例子造句（用上所给词语）　Formulez les phrases en utilisant les mots donnés, suivez l'exemple

例：　走路　　打电话　　一边……一边……
　　→ 他一边走路，一边打电话。

1. 看书　听音乐　一边……一边……

   → _____

2. 天气好　去公园　看花儿　趁

   → _____

3. 这些杂志　我妹妹的　我的　有的……有的……

   → _____

4. 离开　商店　半个小时

　→ _____

5. 前　走　就是　商店　往

　→ _____

六　阅读理解　Compréhension écrite

和子快回国了。他们班五六个同学约好，星期六下午到和子宿舍跟和子一起做饭，在她那儿开一个晚会。

下午四点，同学们来了。有的买了水果，有的买了啤酒，有的买了鱼、肉（ròu, viande）和蔬菜。到了以后，大家就开始忙起来。有的洗菜，洗水果；有的搬（bān, déplacer）桌子，搬椅子，布置房间。大家一边干活儿（gàn huór, travailler），一边聊天儿。

有的说，刘京应该做一个北京风味儿（fēngwèir, saveur）的菜，这样和子才会记住他的名字。刘京说，和子应该做一个日本菜，大家吃了才会更了解（liǎojiě, comprendre）她。同学们就这样高高兴兴、热热闹闹地聊着，准备着他们的晚会。

和子说："我来北京这么长时间，同学们对我像兄（xiōng, frère aîné）弟姐妹一样，趁今天这个机会，我要好好儿谢谢大家，为大家做一个日本菜。"她一边说一边走进厨房去做日本菜了。

根据短文，选择正确答案　Sélectionnez la bonne réponse en fonction du texte

（　　）1. A. 和子明年就要回国了。

B. 同学们在和子那儿开会。

C. 同学们要跟和子一起吃晚饭。

(　　) 2. A. 他们没买啤酒。

B. 同学们买了各种各样的东西。

C. 同学们一起去买了很多东西。

(　　) 3. A. 和子不会做日本菜。

B. 同学们聊得很热闹。

C. 准备晚会时，大家一边干活儿，一边聊天儿。

(　　) 4. A. 和子有兄弟姐妹。

B. 同学们对和子很好。

C. 和子跟她的兄弟姐妹很像。

七 交际练习　Exercices de communication

你要回国了，你去和中国朋友告别（提示：什么时候走，怎么走，回国后的打算等）。

Tu es sur le point de rentrer dans ton pays, tu vas dire au revoir à tes amis chinois (Indices: quand et comment partir, plan de retour, etc.).

饯行

37 真舍不得你们走
Nous regrettons votre départ

一 熟读词语　Récitez les mots suivants

深	该	舍不得
水很~	~吃饭了	~用
友谊很~	~休息了	~离开
~（颜）色	~你/我/他了	~花（钱）
有点儿~		

留	欢送	热情
~地址	~会	不~
~电话号码	热情~	~帮助
~给……	~……	~介绍
	开~会	

取得	水平	旅游	贴
~联系	生活~	~公司	~画儿
~签证	技术~	去……~	~广告
~……成绩	汉语~	在……~	~好

二 选择以上词语完成对话　Complétez les dialogues avec les mots appropriés

1. A：下星期大卫回国，我们给他开个＿＿＿＿＿＿＿＿＿＿吧。

   B：好，就在我家里开吧！

2. A：你去法国旅行，_____了吗？

   B：取得签证了。

3. A：生日蛋糕妈妈_____吃，她要_____孩子们。

   B：当妈妈的都是这样。

4. A：十二点了，_____，你怎么还看书呢？

   B：你要是不说，我把吃饭都忘了！

5. A：你看，这件衬衫怎么样？

   B：颜色_____，你穿深色的不太合适。

6. A：你的_____越来越高了。

   B：哪儿啊，没有你提高得快。

🌑 **给括号内的词语找到适当的位置**　Placez les mots entre parenthèses au bon endroit

1. 小王 A 通知 B 贴在 C 教室墙上了。　　　　　　（把）

2. A 雪 B 下得 C 大。　　　　　　　　　　　　　（越来越）

3. 她 A 花 B 那么多钱 C 买衣服。　　　　　　　　（舍不得）

4. 你累了一天了，A 回家 B 好好儿 C 休息休息了。　（该）

5. 他 A 毕业以前 B 要去公司 C 一个月。　　　　　（实习）

6. 妈妈，今天我回来得晚，您 A 把饭 B 给我 C　　　（留）
   在桌子上吧。

四 改错句　Corrigez les phrases suivantes

1. 她挂衣服在柜子里了。

   →_____

2. 他在玛丽的本子上留电话号码了。

   →_____

3. 同学们交练习本给老师了。

   →_____

4. 桂林的风景很精彩。

   →_____

5. 参观浦东的时候，导游给我们介绍得很热情。

   →_____

五 仿照例子造句（用上所给词语）　Reformulez les phrases suivantes en utilisant les mots donnés

   例：冬天了，天气一天比一天冷。（越来越）
   　　→ 冬天了，天气越来越冷了。

1. 他生病了，他没有休息。（虽然……可是……）

   →_____

2. 人们的生活水平一年比一年高了。（越来越）

   →_____

3. 黑板上有几个老师写的句子。（把）

   →_____

4. 王兰要用照相机，我借给她用了。（把）

   → _____

5. 已经十一点了，睡觉的时间到了。（该）

   → _____

六 阅读理解 Compréhension écrite

现在人们的生活越来越方便。

出门坐车，有地铁、出租车、公共汽车（gōnggòng qìchē, bus）等交通工具（gōngjù, outil）。公共汽车上虽然人多，可是车票很便宜。

买东西也很方便，因为有各种各样的商店、超市。生活用的、学习用的，中国的、外国的，只要舍得花钱，什么东西都能买到。

现在吃饭也很方便。要是你不想做饭，就到外边吃，大大小小的饭馆儿一条路上就有好几家。还有，现在吃的、用的各种东西都可以上网买，还可以送到家里。

要是你想出去玩儿，选择（xuǎnzé, choisir）也很多。你可以去远的地方，也可以去近的公园；可以去游览名胜古迹，也可以到城外走走。现在天气越来越暖和，我们该告别冬天，去看看春天的风景了。朋友们，快走出家门吧！

根据短文，选择正确答案 Sélectionnez la bonne réponse en fonction du texte

（　　）1. A. 坐公共汽车不好。

　　　　　B. 出门一定要坐出租车。

　　　　　C. 坐公共汽车很便宜。

(　　) 2. A. 买东西要舍得花钱。

　　　　　B. 商店多，东西也多，买东西很方便。

　　　　　C. 虽然有各种各样的商店，但有的东西买不到。

(　　) 3. A. 不想做饭，就只能去外边吃。

　　　　　B. 外边的饭馆儿有的大，有的小，但很少。

　　　　　C. 不想出门，可以上网买吃的。

(　　) 4. 文章最后一句话的意思是：

　　　　　A. 朋友们很快走出了家门。

　　　　　B. 春天到了，快去看风景吧。

　　　　　C. 外边比家里暖和，快点儿出去吧。

七　交际练习　Exercices de communication

你的同学要回国了，你负责组织一个欢送会（提示：时间、地点、参加人员及活动安排）。

Ton camarade de classe va rentrer chez lui, tu es responsable d'organiser un pot d'adieu. (Indices: heure, lieu, participants et programme de l'événement).

托运

38 这儿托运行李吗

Les bagages peuvent-ils être enregistrés ici

一 熟读词语　Récitez les mots suivants

算	运	搬	为了
~对了	~行李	~家	~方便顾客
~完了	~东西	~桌子	~身体健康
~得很清楚	~到……	~椅子	~学好……
		~得／不动	

取	交流	打听	
~包裹	技术~	~一个人	
~行李	国际~	~一件事	
~钱	……~中心	~到了……	
~衣服			

二 选择以上词语完成对话　Complétez les dialogues avec les mots appropriés

1. A：我说的那本新书在哪儿卖，你＿＿＿＿＿＿＿吗？

   B：小李说，学校旁边的书店就卖。

2. A：这么重的桌子你＿＿＿＿＿＿＿吗？我帮你搬吧。

   B：那太好了！

3. A：我洗的衣服什么时候能＿＿＿＿＿＿？

   B：明天就可以。

4. A：你每天早上都跑步，星期天也不多睡一会儿，真辛苦！

   B：＿＿＿＿＿＿，就要每天锻炼嘛！

5. A：我们今天花了六百五十三块钱，你看我＿＿＿＿＿＿吗？

   B：对，一分钱也不差。

三 给括号内的词语找到适当的位置　Placez les mots entre parenthèses au bon endroit

1. 你 A 把包裹上的地址 B 写得 C 更清楚一些。　　（应该）

2. 你 A 一定要 B 大夫说的 C 时间吃药。　　　　（按照）

3. 这个包有三四十斤重，我想你 A 大概 B 拿 C 动。（不）

4. 为了让爸爸妈妈放心，她每个星期都 A 给他们　（好几次）

   打 B 电话 C。

5. 你 A 帮我 B 把行李 C 放到上边吗？　　　　　（可以）

四 改错句　Corrigez les phrases suivantes

1. 因为方便顾客休息，商店里放了一些长椅。

   →＿＿＿＿＿＿＿＿＿＿＿＿＿＿＿＿＿＿

2. 他的行李箱里不但有衣服，和有书。

   →＿＿＿＿＿＿＿＿＿＿＿＿＿＿＿＿＿＿

3. 钱快花完了，下午我要去银行拿钱。

   →＿＿＿＿＿＿＿＿＿＿＿＿＿＿＿＿＿＿

4. 不但那儿古迹很多，风景而且很美。

→ _____

5. 刚见面的时候，我想不出他的名字来了，现在想出来了。

→ _____

五 **仿照例子造句（用上所给词语）** Formulez des phrases en utilisant les mots donnés

例： 寄包裹　海运行李　（不但……而且……）
→ 他不但要寄包裹，而且要海运行李。

1. 价目表　交钱　（按照）

→ _____

2. 天气好　坐飞机　（的话）

→ _____

3. 把那本书　拿下去　就不超重　（的话）

→ _____

4. 来中国　学习汉语　是　（为了）

→ _____

5. 喜欢学习汉语　喜欢唱中文歌　（不但……而且……）

→ _____

六 **阅读理解** Compréhension écrite

　　下个月张老师要去韩国开一个国际汉语教学经验（jīngyàn, expérience）交流会，他很高兴。他想，趁开会的机会要和好久没见面的老朋友们聚一聚（jù，fêter）。

现在，张老师得先去韩国大使馆办签证。大使馆周末不办公，今天已经是星期五了，今天不去的话，就要等到下星期了。张老师觉得应该早一点儿把签证办好，要是办晚了，不能准时去开会，就麻烦了。所以，今天上午他就去了韩国大使馆。

为了准备得充分（chōngfèn，suffisamment）一些，几天以前，张老师就打听好了韩国大使馆在哪儿。他觉得最方便最省（shěng，économiser）时间的方法是坐地铁，所以他就坐地铁去了。

张老师到大使馆的时候，等着办签证的人不多，所以很快就到他了。签证办得很顺利，再过一个星期他就可以拿到了。他还打听好了可以带多少行李。虽然张老师自己的行李不多，可是他要给朋友带一些书，书比较重，行李超重的话，比较麻烦。还好，不会超重。张老师终于放心了。

■ **根据短文，选择正确答案** Sélectionnez la bonne réponse en fonction du texte

（　　）1. A. 张老师现在在韩国。

　　　　　B. 张老师还没到韩国。

　　　　　C. 张老师见到了老朋友。

（　　）2. A. 今天张老师去大使馆了。

　　　　　B. 今天张老师不去大使馆，他下星期去。

　　　　　C. 张老师签证办晚了，不能准时去开会了。

（　　）3. A. 张老师的行李准备得很充分。

　　　　　　B. 张老师开会的事准备得很充分。

　　　　　　C. 张老师办签证的事准备得很充分。

（　　）4. A. 张老师的行李不会超重。

　　　　　　B. 张老师不知道可以带多少行李。

　　　　　　C. 张老师的行李超重了，比较麻烦。

七 交际练习 Exercices de communication

快放假了，A 的行李很多，A 和 B 讨论如何托运行李。
A et B discutent comment enregistrer les bagages.

送行（1）

39 不能送你去机场了
Je ne peux pas t'emmener à l'aéroport

一　熟读词语　Récitez les mots suivants

替	添	乱
~朋友办事	~麻烦	刮~了
~……取包裹	~衣服	弄~了
~……交……费	~（一）点儿	房间里太~
		写得太~

随身	特别	轻
~带着	很~	~一点儿
~带的	~疼	特别~
	~乱	轻轻地
	~热闹	

重新	转	报名
~了解	~车	~去……
~布置	向左~	报没~
~弄一下儿	~给……	报不~
		~参加……

结实	安静	了解
不~	很~	~中国
身体很~	请~	~……情况
~（一）点儿的	~地……	对……很~
		对……不~

二 选择以上词语完成对话　Complétez les dialogues avec les mots appropriés

1. A：那件衣服有点儿贵，可是样子_____，我想买。

   B：是跟别的不一样，那就买吧！

2. A：这几个菜够吗？要不要再_____？

   B：不用了，多了吃不了！

3. A：孩子已经睡了，你_____关门。

   B：我知道。

4. A：这双鞋真_____，才穿了两个星期就坏了。

   B：再买一双_____吧。

5. A：妈妈要跟朋友们去旅行。

   B：年纪大了，别忘了让她_____点儿药。

6. A：我在中国，不但要学习汉语，还要多_____。

   B：那你应该多去各地走走、看看，多和中国人聊聊。

三 给括号内的词语找到适当的位置　Placez les mots entre parenthèses au bon endroit

1. 刘老师 A 明天 B 张老师 C 给我们班上课。　　　　　　　（替）

2. 请你 A 把这封信 B 给王兰 C。　　　　　　　　　　　　（转）

3. 他把 A 带的 B 两本 C 杂志送给火车上认识的朋友了。　（随身）

4. 这个房间我布置得不好，A 你 B 帮我 C 布置一下儿吧。（重新）

5. 我去看他的时候，A 他 B 安静地 C 躺着呢。　　　　　　（正）

四 改错句　Corrigez les phrases suivantes

1. 你今天或者明天去取照片？

   → _____

2. 你的手提包不如我的旧。

   → _____

3. 旅行的时候，我和玛丽住在一个房间，和子住在别的一个房间。

   → _____

4. 你报名下星期的足球比赛了吗？

   → _____

5. 以前买的这双鞋很结实，我要重新买一双这样的鞋。

   → _____

五 仿照例子造句（用上所给词语）　Reformulez les phrases suivantes en utilisant les mots donnés, suivez l'exemple

例：我有五本汉语书，他有十本汉语书。（不如）
　　→ 我的汉语书不如他的多。

1. 今天 16℃，昨天 20℃。（不如）

   → _____

2. 坐地铁去用一个小时，坐汽车去用一个半小时。（不如）

   → _____

3. 大夫说，今天住院可以，明天住院也可以。（或者）

   → _____

4. 在上海，我们参观了浦东，也参观了南京路。（不但……而且……）

→ _____

六　阅读理解　Compréhension écrite

现在交通越来越方便，出国旅游、留学或工作的人越来越多，各国人民的交往（jiāowǎng, contact）也越来越多。

外国人到北京，爬长城、看故宫、吃烤鸭；在上海，游豫园、吃小吃；在桂林，看山水风景、喝中国茶。他们在快乐游览名胜古迹的时候，还能学习中国文化，了解中国和中国人。这是多好的机会啊！

中国人到国外也是一样。参观博物馆（bówùguǎn, musée），看展览，坐在街边咖啡馆喝喝咖啡……体验（tǐyàn, expérience）另外一种生活。

外国人学会了怎么做饺子、做包子、做中国菜，中国人新添了咖啡、可乐这样的饮料。在世界各国人民的交往中，在吃饭穿衣的生活里，人们认识了新朋友，学到了新东西，还了解了别的国家的文化，加深（jiāshēn, approfondir）了世界各国人民之间（zhījiān, entre）的友谊。

根据短文，选择正确答案　Sélectionnez la bonne réponse en fonction du texte

（　　）1. A. 各国人民之间的交往和交通有关系。
　　　　　B. 各国人民之间的交往和旅游没关系。
　　　　　C. 各国人民之间的交往和留学没关系。

（　　）2. A. 参观游览是吃烤鸭的好机会。

　　　　　 B. 参观游览是吃小吃的好机会。

　　　　　 C. 参观游览是交流文化的好机会。

（　　）3. "另外一种生活"的意思是：

　　　　　 A. 别人的生活。

　　　　　 B. 别的城市的生活。

　　　　　 C. 和自己的生活不一样的生活。

（　　）4. 文章最后一段的意思是：

　　　　　 A. 欧美人喜欢中国饭。

　　　　　 B. 中国人喜欢外国饮料。

　　　　　 C. 各国人民在交往中交流了文化，加深了友谊。

七　交际练习　Exercices de communication

你的朋友要出国旅游，你来宿舍看他（提示：出发时间、行李问题、注意事项等）。

Ton ami veut voyager à l'étranger. Tu viens le voir dans le dortoir (Indices: heure de départ, problèmes de bagages, précautions, etc.).

送行（2）

40 祝你一路平安
Bon voyage

一 熟读词语 Récitez les mots suivants

跑	挤	耽误	努力
~出去	太~	~学习	不~
~得很快/慢	~公共汽车	~工作	~工作
~得/不动	~得……	~了火车	~学习
		~了半个小时	

问候	合适	认真	进步
~你家里人	很~	~学习	~很快
替我~……	不~	~工作	~不大
	~的时间	~考虑	（没）有~

考虑	希望	平安
不~	（没）有~	一路~
~一下儿	我们的~	平平安安回家来
~得怎么样	~你常来电话	

二 选择以上词语完成对话 Complétez les dialogues avec les mots appropriés

1. A：我在街上看见写着这样的话："高高兴兴上班去，_____
　　_____。"我觉得这句话很有意思。

   B：这是说，要注意交通安全。

2. A：今天的课我认真听了，有的地方还是听不懂。

   B：你住院_____了_____，别着急，我们帮助你。

3. A：咱们的旅行计划你_____了？

   B：还没考虑好。

4. A：这孩子学习_____，是因为他_____。

   B：是啊，他玩儿电脑玩儿得太多了。

5. A：你什么时候跟我去看展览呢？

   B：今天没空儿，再找一个_____吧。

6. A：你快点儿啊，怎么不跑了？

   B：太累了，_____了，停下来休息一会儿吧！

三 给括号内的词语找到适当的位置　Placez les mots entre parenthèses au bon endroit

1. 风这么大，你怎么 A 把 B 帽子 C 戴上？　　　　　　　　　　（没）

2. 小林说，他 A 把生词 B 复习 C 完，就不看电视。　　　　　　（不）

3. 下了班，A 我们 B 去医院 C 看小王。　　　　　　　　　　　（就）

4. A 现在 B 上班时间还有 C 十分钟。　　　　　　　　　　　　（离）

5. A 你 B 把东西 C 忘在飞机上了。　　　　　　　　　　　　　（别）

四 改错句　Corrigez les phrases suivantes

1. 在商店，我挑好帽子了，就去交钱了。

   → _____

2. 我把手提包没忘在酒店。

   → _____

3. 过马路的时候,要注意交通平安。

   → _____

4. 你回到家,替我问好你爸爸妈妈。

   → _____

5. 我想你早一点儿出院,回到学校。

   → _____

五 仿照例子造句(用上所给词语) Reformulez les phrases suivantes en utilisant les mots donnés, suivez l'exemple

例: 昨天中午我们吃完饭以后,马上去看展览了。(一……就……)

→ 昨天中午我们一吃完饭,就去看展览了。

1. 他回到家,马上打开了电脑。(一……就……)

   → _____

2. 他没收拾好行李。(把)

   → _____

3. 要是汽车太挤,那么坐出租车吧。(……的话,就……)

   → _____

4. 足球比赛的时候,他的腿受伤了,他还继续参加比赛。(虽然……可是……)

→ _____

六 阅读理解　Compréhension écrite

今天李成日和大卫都要回国。虽然他们不是一个国家的,可是为了给去机场送他们的同学省(shěng, économiser)时间,他们就预订了起飞时间差不多的机票。

我们一共有四个同学去送他们。早上八点,我们到留学生楼门口的时候,他们已经拿着行李出来了。门口有两辆出租车等着。两个司机(sījī, chauffeur)热情地帮他们把行李放到车上,行李放好后,我们就上车了。一辆车里坐三个人,正合适。

到了机场,我们就找来小车,把行李放好,去办托运行李和登(dēng, embarquement)机手续了。他们俩(liǎ, deux)在海关办了出境手续,安检以后,就得去登机口等着了。

我们不能进去送他们,大家都有点儿舍不得,可是为了不耽误时间,大家说了几句告别的话就分手(fēn shǒu, se séparer)了。希望不久以后我们还能再见面。

■ **根据短文,选择正确答案**　Sélectionnez la bonne réponse en fonction du texte

(　　) 1. A. 李成日和大卫坐差不多的飞机。

　　　　 B. 李成日和大卫坐同一班(bān, vol)飞机。

C. 李成日和大卫坐的两班飞机起飞时间差不多。

(　　) 2. A. 两辆出租车是预订好的。

B. 早上八点出租车还没到。

C. 太巧了,门口有两辆出租车。

(　　) 3. A. 送行的人不能进机场。

B. 送行的人不能上飞机。

C. 送行的人不能过海关安检的地方。

(　　) 4. A. 大家都舍不得李成日和大卫离开。

B. 大家差点儿耽误了李成日、大卫登机。

C. 大家帮李成日和大卫办了出境手续。

七　交际练习　Exercices de communication

B 大学毕业回国,A 去机场给 B 送行。
B va rentrer/retourner daus son pays après l'obtention de son diplôme. A accompagne B à l'aéroport.

测验（21—40课）

一　填空　Complétez les trous

1. 选词填空（每个 1 分，共 10 分）

    Complétez les phrases avec les mots appropriés

    ① 明天我们班去故宫（Gùgōng, Cité interdite）_____。（参加　参观　旅游）

    ② 小王，_____我开开门。（帮　帮助　请）

    ③ 我_____好了几个朋友去旅游。（约会　说　约）

    ④ 星期六在礼堂开舞会，你们_____好了吗？（修　布置　搬）

    ⑤ 这个花瓶_____在哪儿好呢？（放　拿　收拾）

    ⑥ 新房的墙上_____着他们的结婚照。（放　挂　按）

    ⑦ 这件衣服_____短，我要长_____的。（一点儿　不太　有点儿）

    ⑧ 我每天睡得不_____，可是早上还是不能早起。（早　多　晚）

    ⑨ 躺着看书_____眼睛不好。（就　对　向）

2. 选择正确的答案填空（每题 1 分，共 15 分）

    Choisissez la bonne réponse

    ① 听说这本书非常有意思，你能_____吗？

    A. 看一下儿　　　　　　　B. 借我看看

    C. 看一会儿给我　　　　　D. 给借我

② 这个房间里_____，开开窗户吧。
　　A. 一点儿热　　　　　　B. 不太热
　　C. 热一点儿　　　　　　D. 有点儿热

③ 昨天晚上咱们都睡得很晚，今天你怎么起得_____？
　　A. 这么慢　　　　　　　B. 那么快
　　C. 这么早　　　　　　　D. 这么晚

④ 他画花儿_____。
　　A. 很好　　　　　　　　B. 很好画
　　C. 画很好　　　　　　　D. 画得很好

⑤ 王经理让大家下午_____。
　　A. 二点在二楼开会　　　B. 两点开会在两楼
　　C. 两点在二楼开会　　　D. 开会在二楼两点

⑥ 昨天我们_____。
　　A. 一起吃晚饭了在北京饭店　　B. 在北京饭店了一起吃晚饭
　　C. 在北京饭店一起吃晚饭了　　D. 吃了晚饭一起在北京饭店

⑦ 那些衣服洗得_____？
　　A. 干净了吗　　　　　　B. 干净不干净
　　D. 很干净了吗　　　　　C. 不干净了吗

⑧ 他是我的好朋友，_____呢？
　　A. 我怎么能不帮他　　　B. 我怎么能帮他
　　C. 我怎么可以帮他　　　D. 我怎么好帮他

⑨ 玛丽，你说手机不见了，床上_____？
　　A. 不是你的手机　　　　B. 不是手机
　　C. 不是我的手机吗　　　D. 不是你的手机吗

⑩ 明天你们吃了_____吗?

　　A. 早饭就去长城了　　　　B. 早饭去长城了

　　C. 早饭了就去长城　　　　D. 早饭就去长城

⑪ 请等一下儿,他很快_____。

　　A. 就回来　　　　　　　　B. 回来家

　　C. 回来家了　　　　　　　D. 回去家

⑫ 我的眼睛不好,这么小的字_____。

　　A. 看得清楚　　　　　　　D. 不看见

　　C. 看得见　　　　　　　　D. 看不清

⑬ 我没学过法语,我_____。

　　A. 听不懂　　　　　　　　B. 不听懂

　　C. 没听见　　　　　　　　D. 听懂了

⑭ 刚才_____的时候,你在哪儿?

　　A. 大下雨　　　　　　　　B. 下多雨

　　C. 多下雨　　　　　　　　D. 下大雨

⑮ 他唱歌_____。

　　A. 得比我好　　　　　　　B. 唱得比我好

　　C. 好比我　　　　　　　　D. 得好比我

二 给括号内的词语找到适当的位置　Placez les mots entre parenthèses au bon endroit

1. A 我 B 要 C 出去找小王,小王 D 就来了。　　　（刚）

2. 你 A 怎么 B 来,我 C 不到 D 十点就来了。　　　（才）

3. 你找玛丽吗?她 A 回 B 去 C 了 D。　　　　　　（宿舍）

4. A 翻译 B 这个句子 C,我们就去散步 D。　　　　（完）

5. 这是我的手机号，A 以后 B 我们 C 联系 D 吧。　　　　（多）

6. A 你 B 过马路 C 要 D 安全。　　　　　　　　　　（注意）

7. 他 A 比我 B 早 C 毕业 D。　　　　　　　　　　　（两年）

8. 昨天 A 我们 B 划了 C（的）船 D。　　　　　　　（两个小时）

9. A 墙上 B 我买的 C 风景画儿 D。　　　　　　　　（挂着）

10. 我 A 饿了，B 想吃 C 东西 D。　　　　　　　　　（一点儿）

11. 你 A 这儿的情况 B 跟他们 C 说说 D。　　　　　　（把）

12. 飞机 A 没按时 B 起飞 C 是 D 天气不好。　　　　　（因为）

13. A 雨 B 下 C 得 D 大。　　　　　　　　　　　　（越来越）

14. 这个包太重，我 A 想你 B 大概 C 拿 D 动。　　　　（不）

15. 这个旅游计划 A 不太合适，我 B 想 C 计划一下儿 D。
　　　　　　　　　　　　　　　　　　　　　　　　（重新）

三　完成对话（每题 3 分，共 30 分）　Complétez les dialogues

1. A：小刘在楼上吗？

    B：在，你＿＿＿＿＿＿去找他吧。

2. A：我去商店，你要带什么吗？

    B：＿＿＿＿＿＿买两瓶可乐。（麻烦）

3. A：请您给我们＿＿＿＿＿＿好吗？（照相）

    B：好。

4. A：＿＿＿＿＿＿＿＿＿＿＿？（还是）

    B：香港、上海我都想去。

5. A：＿＿＿＿＿＿＿＿＿？（上网）

    B：我常常上网，我一般在宿舍里上网。

6. A：＿＿＿＿＿＿＿＿＿＿＿＿＿＿＿？（难）

   B：汉语有点儿难，可是我觉得很有意思。

7. A：昨天下午我给你打手机，你怎么不接？

   B：真不巧，＿＿＿＿＿＿＿＿＿＿＿＿＿＿＿。（把 忘 家）

8. A：我来晚了，＿＿＿＿＿＿＿＿＿＿＿＿＿＿＿！（久）

   B：我也刚来一会儿。

9. A：＿＿＿＿＿＿＿＿＿＿＿＿＿？（生活 习惯）

   B：刚来这儿的时候，有点儿不习惯，现在习惯了。

10. A：＿＿＿＿＿＿＿＿＿＿是你妹妹吗？（照片）

    B：哪儿啊，是我小时候。

四 用所给的词语改写句子（每题3分，共15分） Reformulez les phrases suivantes en utilisant les mots donnés

1. 昨天很冷，今天不太冷。（比）

   → ＿＿＿＿＿＿＿＿＿＿＿＿＿＿＿＿＿＿＿＿＿＿＿

2. 他唱歌唱得很好，我唱得很不好。（没有）

   → ＿＿＿＿＿＿＿＿＿＿＿＿＿＿＿＿＿＿＿＿＿＿＿

3. 他把我的自行车借走了。（被）

   → ＿＿＿＿＿＿＿＿＿＿＿＿＿＿＿＿＿＿＿＿＿＿＿

4. 小树被大风刮倒了。（把）

   → ＿＿＿＿＿＿＿＿＿＿＿＿＿＿＿＿＿＿＿＿＿＿＿

5. 我起晚了，迟到了。（因为）

   → ＿＿＿＿＿＿＿＿＿＿＿＿＿＿＿＿＿＿＿＿＿＿＿

五 用所给的词语完成疑问句（每题 3 分，共 15 分） Complétez les phrases interrogatives en utilisant les mots donnés

1. A：＿＿＿＿＿＿汉语吗？（会）

   B：现在我会说一点儿了。

2. A：我说汉语，你＿＿＿＿＿＿＿＿？（……得……）

   B：你慢点儿说，我听得懂。

3. A：昨天晚上你＿＿＿＿＿＿＿（的）音乐？（时间）

   B：我听了二十分钟。

4. A：昨天你去商店＿＿＿＿＿＿没有？（买）

   B：我没买东西。

5. A：教室里的窗户＿＿＿＿＿＿＿没有？（着）

   B：都开着呢。

参考答案

21 请你参加

二　1. 帮助妈妈　　2. 正在　　3. 通知我们　　4. 参加工作
　　5. 一定喜欢　　6. 看通知　　7. 饭店里边

三　1. A　　2. A　　3. B　　4. A　　5. B　　6. B

四　1. √　　2. √　　3. ×　　4. ×　　5. √　　6. ×

五　1. 小王请我帮他拿东西。
　　2. 老师通知我们去长城。
　　3. 我转告他这件事了。
　　4. 圣诞节我去参加音乐会。
　　5. 昨天我们去动物园参观了很多动物。

六　1. A　　2. A　　3. C

22 我不能去

二　1. B：没空儿　　　　　A：有空儿
　　2. B：陪她去商店
　　3. B：刚来
　　4. B：有个约会

三　1. A　　2. A　　3. B　　4. C　　5. B　　6. B

四　1. ×　　2. √　　3. √　　4. ×　　5. √　　6. ×
　　7. √

五　1. A：你吃橘子了吗？
　　　A：你吃了几个橘子？

2. A：你跟王先生见面了吗？

　　B：跟他见面了。他给了我一本杂志。

3. A：刚才我拿来的那本书你见了没有？

　　B：没见，刚拿来就没有了？你再找找。

六　1. C　　　2. A　　　3. C　　　4. C

23　对不起

二　1. A：才来　　　　　　　B：久等

　2. B：借多长时间　　　A：还给你

　3. A：弄坏　　　　　　B：会修

　4. A：约谁

三　1. B　　2. B　　3. C　　4. B　　5. A　　6. A

四　A：大卫，你看完那本杂志了吗？我也想看看。

　　B：还没看完呢，明天给你可以吗？

　　A：可以，你看完以后，让张新给我吧。

　　B：张新回上海去了，我能找到你，我给你吧。

五　1. ×　　2. ×　　3. √　　4. √　　5. √　　6. ×

　　7. ×　　8. ×

六　1. A　　2. B　　3. B

七　1. A. 上来　　B. 上去　　　2. A. 回来　　B. 回去

　　3. A. 过来　　B. 过去　　　4. A. 出去　　B. 出去

24　真遗憾，我没见到他

二　1. A：忘在里边了　　B：马上　　　A：别急

　2. A：见到　　　　　A：摔坏　　　B：真可惜

三　1. A　　2. B　　3. B　　4. A　　5. A　　6. B

四　1. ×　　2. ✓　　3. ✓　　4. ×　　5. ✓　　6. ×
　　7. ×　　8. ✓　　9. ✓　　10. ✓

五　1. 饭做好了，妈妈让我们吃饭。
　　2. 我的新书弄脏了，真糟糕！
　　3. 他打网球的时候摔坏了手机。
　　4. 他房间的地上有很多东西，乱七八糟的。
　　5. 他新买的手机摔坏了，你说可惜不可惜？
　　6. 糟糕，给朋友买的礼物忘拿了！

六　1. B　　2. C　　3. C　　4. A

25　这张画儿真美

二　1. A：画儿　　　　　　　　B：画得真好
　　2. A：觉得很抱歉
　　3. A：布置好了
　　4. A：方便不方便
　　5. A：放在　　　　　　　　B：放在桌子上

三　1. B　　2. B　　3. B　　4. C　　5. B

四　1. ×　　2. ✓　　3. ×　　4. ✓　　5. ×　　6. ✓

五　1. 今天他们两个一起去公园玩儿了。
　　2. 这个衣柜颜色这么好看！
　　3. 你说今天冷，我觉得昨天更冷。
　　4. 要是你不认识路，我就带你去。
　　5. 这本杂志借给我看看吧。/这些杂志借给我看看吧。

六　1. B　　2. B　　3. A　　4. A　　5. C

26　祝贺你

二　1. A：考得怎么样　　　　　A：考得不太好

2. A：有一个问题

3. A：全班

4. A：拿得了

5. B：祝你工作顺利

三　1. B　　2. B　　3. B　　4. C　　5. C　　6. C

四　1. ×　　2. ×　　3. √　　4. √　　5. ×　　6. ×

五　1. 这个问题难，我不会做。

2. 他们结婚以后，有了一个很可爱的孩子，生活得很幸福。

3. 这个铅笔盒打不开，你帮我一下儿。

4. 这本小说你一个星期看得完看不完？

5. 那个中国人说得太快，我听不懂。

6. 他买了一条鱼，想晚饭的时候吃。

六　1. C　　2. C　　3. C

27　你别抽烟了

二　1. A：注意休息

2. A：有点儿咳嗽

3. A：病了　　　　　B：什么病

4. A：迟到　　别迟到

5. B：觉得很舒服

6. A：交通事故

7. A：习惯北京的生活

三　1. C　　2. C　　3. C　　4. C　　5. B　　6. B

7. A

四　1. ×　　2. ×　　3. √　　4. ×　　5. ×　　6. ×

五　1. 喝一点儿酒没关系，喝多了对身体不好。

2. 今天我有点儿忙，没空儿，明天陪你去吧。

107

3. 每年我都来中国。

4. 他习惯真不好，每天房间里乱七八糟的。

5. 别抽烟了，你看你都咳嗽了。

六　1. C　　2. A　　3. C　　4. A

28　今天比昨天冷

二　1. A：下雨　　　　　　　　B：下雨　　刮风

　　2. A：听天气预报

　　3. A：很凉快　　　　　　　B：凉快极了

　　4. A：个子高

　　5. A：练习写字　　　　　　B：练习写字

三　1. A　　2. C　　3. B　　4. C　　5. C　　6. C

四　1. ×　　2. ×　　3. ×　　4. ✓　　5. ×　　6. ×

五　1. 词典比我的新

　　2. 比昨天热 / 最高气温比昨天高 4℃

　　3. 比小张家人口少 / 比小张家少两口人

　　4. 比一斤苹果贵一块钱

　　5. 比小张滑冰滑得好 / 滑冰比小张好

六　1. C　　2. A　　3. C

29　我也喜欢游泳

二　1. A：什么运动

　　2. A：会游泳

　　3. A：谁跟谁比赛

　　4. A：练了多长时间　　　　A：教

　　5. B：去旅行　　　　　　　A：去哪儿旅行

6. A：丢了　　　　　　　　　　B：丢在哪儿

7. B：躺一会儿

三　1. A　　2. A　　3. B　　4. C　　5. B

四　1. ×　　2. ×　　3. ×　　4. √　　5. ×　　6. √

五　1. 小张没有大卫个子高。／小张个子没有大卫高。

2. 王兰没有玛丽喜欢滑冰。

3. 昨天的风没有今天的大。

4. 这套衣服没有那套漂亮。

5. 他以前身体没有现在好。

6. 我抽烟没有他多。

7. 我游泳没有他游得快。

六　1. C　　2. A　　3. C　　4. C

30　请你慢点儿说

二　1. B：提高工作能力

2. A：记住　　　　　　　　　B：记住

3. A：比较一下儿

4. A：当妈妈　　　　　　　　B：当爸爸

5. B：收拾　　　　　　　　　A：收拾好

6. B：看不清楚

三　1. B　　2. C　　3. A　　4. A　　5. C　　6. C

四　1. 我有一个姐姐，一个哥哥，在家里我是最小的。

2. 我常常骑快车，妈妈不放心。

3. 我的手机除了能照相以外，还能上网。

4. 我的书包里除了钱包以外，都是上课要用的东西。

5. 我去广州旅行了一个星期。

6. 他们谈话谈了一个小时。

五　1. 我除了应该买一个洗衣机以外，还应该买一个冰箱。

　　2. 全班同学除了大卫以外，都来了。

　　3. 他给朋友们当了三天导游。

　　4. 她跟中国朋友学做包子学了两个小时。

　　5. 我每天早上跑步跑半个小时。

六　1. A　　2. B　　3. C

31　那儿的风景美极了

二　1. A：游览

　　2. A：什么计划　　　　　A：计划

　　3. A：各种各样

　　4. A：风景怎么样

　　5. A：热闹

三　1. C　　2. C　　3. C　　4. C　　5. A

四　1. ×　　2. ✓　　3. ×　　4. ×　　5. ×

　　6. ×　　7. ✓

五　1. 昨天上午你打字打了多长时间？

　　2. 晚上你要预习多长时间语法？

　　3. 现在你能翻译一些句子了吗？

　　4. 慢点儿说，你听得懂听不懂？/ 慢点儿说，你听得懂吗？

六　1. B　　2. C　　3. B

32　买到票了没有

二　1. A：帮忙

　　2. A：预订

　　3. B：讨论语法

4. A：检查

5. A：挂在哪儿

6. A：停着

7. A：三天以内

三　1. A　　2. B　　3. A　　4. B　　5. B

四　1. 他进电影院去看电影了。

2. 商店里挂着很多广告。

3. 我出门的时候忘了关电视，现在电视还开着呢，真糟糕！

4. 星期天我要去学校给老师帮一天忙。

5. 你看见小李了吗？我找了他好长时间了。

五　1. 图书馆外边停着小汽车没有？

2. 他在开讨论会的时候看见张老师了没有？

3. 桌子上放着一个漂亮的花瓶没有？

4. 他家的门关着没有？

5. 钱包里放着银行卡没有？

6. 你听见外边有人说话没有？

六　1. B　　2. B　　3. C

33　我们预订了两个房间

二　1. A：空房间　　　　　　　B：住满

2. A：穿裙子　穿裤子　　　B：裤子

3. A：渴极了/渴死了

4. A：洗　澡

5. A：质量

6. A：终于来了

三　1. B　　2. C　　3. B　　4. B　　5. A

四　1. 这个车太大，门太小，开不进去。

2. 你看，她穿得漂漂亮亮的。

3. 打开空调吧，我们可以凉快地休息休息。

4. 只要不下雨，我们就去划船。

5. 刚运动完，我想先洗洗澡再吃饭。

6. 他买了一件白衬衫。

五　1. 这个包太小，书放不进去。

2. 这辆车满了，我上不去了。

3. 只要有地图，我就能找到那个地方。

4. 只要空调的质量好，我就买。

5. 只要箱子不大，就能放进车里。

六　1. B　　　2. C　　　3. C　　　4. B

34　我头疼

二　1. A：锁好

2. A：锻炼身体

3. A：做了一个手术

4. A：摔伤

5. B：打针

6. A：开始上课

三　1. A　　2. B　　3. B　　4. A　　5. A

四　1. 王经理把文件看完了。

2. 大夫请他把嘴张开，要看看他的嗓子。

3. 她一进家门就说："妈妈，快吃饭吧，我饿死了！"

4. 只要休息休息，伤就能好。

5. 她打了两天针，现在好多了。

6. 请你把灯开开，我想看看书。

五　1. 他把出院手续办完了。

2. 他把手弄伤了。

3. 早上锻炼的时候，他把自行车钥匙丢了。

4. 你把那个橘子吃了吧！

5. 他把去上海的飞机票买好了。

六　1. B　　　2. A　　　3. B

35　你好点儿了吗

二　1. B：保证没问题

　　2. B：准时送到

　　3. B：戴手表

　　4. B：被（预）订完了

　　5. A：看样子要下雨了

　　6. A：喝点儿咖啡什么的

三　1. B　　2. A　　3. B　　4. B　　5. A

四　1. 他的身体一天比一天好。

　　2. 那个买手机的人是我弟弟。

　　3. 车开得太快，那棵小树叫车撞倒了。

　　4. 那儿离这儿很近，不用坐车，我们走着去吧。

　　5. 看样子他很着急，我不知道为什么。

　　6. 刚买的杂志被我忘在出租车上了。

五　1. 打球的时候，他被撞倒了，眼镜也被摔坏了。

　　2. 孩子的牛奶被小狗喝了。

　　3. 妹妹被她关在门外了。

　　4. 他寄给玛丽的东西被快递公司退回来了。

　　5. 电影票被他弄丢了，不能看电影了。

六　1. A　　　2. C　　　3. A

36　我要回国了

二　1. A：跟同学们告别

　　2. A：打扰您一下儿

　　3. A：照顾孩子

　　4. A：准备好了

　　5. A：继续学习

　　6. A：打算去旅行

　　7. B：好机会

三　1. A　　2. B　　3. A　　4. C

四　1. 他来教室十分钟了。

　　2. 他们聊了半个小时（天儿）。

　　3. 放假的时候，我们班有的同学去上海，有的同学去桂林。

　　4. 我快回国了，明天去向朋友告别。

　　5. 好多日子没有看见他了。/ 好长时间没有看见他了。/ 好多天没看见他了。

五　1. 我一边看书，一边听音乐。

　　2. 趁天气好，我去公园看花儿。

　　3. 这些杂志有的是我的，有的是我妹妹的。

　　4. 我们离开商店半个小时了。

　　5. 往前走就是商店。

六　1. C　　2. B　　3. C　　4. B

37　真舍不得你们走

二　1. A：欢送会

　　2. A：取得签证

　　3. A：舍不得　　留给

　　4. A：该吃饭了

5．B：有点儿深

6．A：汉语水平

三　1．A　　2．C　　3．A　　4．A　　5．C　　6．C

四　1．她把衣服挂在柜子里了。

2．他把电话号码留在玛丽的本子上了。

3．同学们把练习本交给老师了。

4．桂林的风景很美。

5．参观浦东的时候，导游热情地给我们介绍。

五　1．他虽然生病了，可是没有休息。

2．人们的生活水平越来越高了。

3．老师把几个句子写在黑板上了。

4．我把照相机借给王兰用了。

5．（已经）十一点了，该睡觉了。

六　1．C　　2．B　　3．C　　4．B

38　这儿托运行李吗

二　1．A：打听到了

2．A：搬得动

3．A：取

4．B：为了身体健康

5．A：算对了

三　1．A　　2．B　　3．C　　4．B　　5．A

四　1．为了方便顾客休息，商店里放了一些长椅。

2．他的行李箱里不但有衣服，而且有书。

3．钱快花完了，下午我要去银行取钱。

4．那儿不但古迹多，而且风景很美。

5．刚见面的时候，我想不起他的名字来了，现在想起来了。

五　1. 你应该按照价目表交钱。

2. 天气好的话，你可以坐飞机去那儿。

3. 把那本书拿下去的话，就不超重了。

4. 我来中国是为了学习汉语。

5. 他不但喜欢学习汉语，而且喜欢唱中文歌。

六　1. B　　2. A　　3. C　　4. A

39　不能送你去机场了

二　1. A：很特别

2. A：添点儿

3. A：轻一点儿

4. A：不结实　　　　　　B：结实点儿的

5. B：随身带着

6. A：了解中国

三　1. B　　2. B　　3. A　　4. C　　5. B

四　1. 你今天还是明天去取照片？

2. 我的手提包不如你的新。

3. 旅行的时候，我和玛丽住在一个房间，和子住在另外一个房间。

4. 下星期的足球比赛你报名了吗？

5. 以前买的这双鞋很结实，我（还）要再买一双（这样的鞋）。

五　1. 今天不如昨天暖和。

2. 坐汽车去不如坐地铁快。

3. 大夫说，今天住院或者明天住院都可以。

4. 在上海，我们不但参观了浦东，而且参观了南京路。

六　1. A　　2. C　　3. C　　4. C

40　祝你一路平安

二　1. A：平平安安回家来

2. B：耽误　学习

3. A：考虑得怎么样

4. A：进步不大　不努力

5. B：合适的时间

6. B：跑不动

三　1. A　　2. A　　3. B　　4. B　　5. B

四　1. 在商店，我挑好了帽子，就去交钱了。

2. 我没把手提包忘在酒店。

3. 过马路的时候，要注意交通安全。

4. 你回到家，替我向你爸爸妈妈问好。

5. 我希望你早一点儿出院，回到学校。

五　1. 他一回到家，就打开了电脑。

2. 他没把行李收拾好。

3. 汽车太挤的话，就坐出租车吧。

4. 足球比赛的时候，虽然他的腿受伤了，可是他还继续参加比赛。

六　1. C　　2. A　　3. C　　4. A

测验（21—40课）

一　1. ①参观　②帮　③约　④布置　⑤放
　　⑥挂　⑦有点儿　一点儿　⑧晚　⑨对

2. ①B　②D　③C　④D　⑤C
　⑥C　⑦B　⑧A　⑨D　⑩D
　⑪A　⑫D　⑬A　⑭D　⑮B

二　1. B　　2. B　　3. B　　4. B　　5. C
　　6. D　　7. C/D　8. C　　9. B　　10. C
　　11. A　 12. D　 13. D　 14. D　 15. C

三　1. B：上

　　2. B：麻烦你帮我

　　3. A：照（一）张相

　　4. A：你去香港还是去上海

　　5. A：你常常上网吗

　　6. A：汉语难吗

　　7. B：我把手机忘在家里了

　　8. A：让你久等了

　　9. A：在这儿你生活得习惯吗

　　10. A：照片上的人

四　1. 昨天比今天冷。

　　2. 我唱歌唱得没有他好。

　　3. 我的自行车被他借走了。

　　4. 大风把小树刮倒了。

　　5. 我迟到是因为起晚了。

五　1. A：你会说

　　2. A：听得懂吗 / 听得懂听不懂 / 听不听得懂

　　3. A：听了多长时间　　　4. A：买东西了

　　5. A：开着